城市扩张 房地产开发的效应研究

刘宝香　著

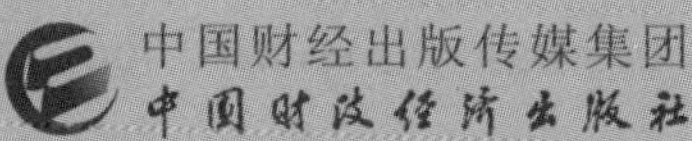

图书在版编目（CIP）数据

城市扩张：房地产开发的效应研究 / 刘宝香著. --北京：中国财政经济出版社，2021.5
（公共管理研究文库）
ISBN 978-7-5223-0519-6

Ⅰ.①城… Ⅱ.①刘… Ⅲ.①房地产开发-影响-城市土地-土地利用-研究-中国 Ⅳ.①F299.232

中国版本图书馆 CIP 数据核字（2021）第 079094 号

责任编辑：吕小军　　责任校对：张　凡
封面设计：思梵星尚　　责任印制：党　辉

城市扩张：房地产开发的效应研究
CHENGSHI KUOZHANG：FANGDICHAN KAIFA DE XIAOYING YANJIU

中国财政经济出版社 出版

URL：http：//www.cfeph.cn
E-mail：cfeph@cfeph.cn

社址：北京市海淀区阜成路甲 28 号　邮政编码：100142
营销中心电话：010-88191522
天猫网店：中国财政经济出版社旗舰店
网址：https：//zgczjjcbs.tmall.com
北京财经印刷厂印刷　各地新华书店经销
成品尺寸：170mm×240mm　16 开　14 印张　200 000 字
2021 年 5 月第 1 版　2021 年 5 月北京第 1 次印刷
定价：56.00 元
ISBN 978-7-5223-0519-6
（图书出现印装问题，本社负责调换，电话：010-88190548）
本社质量投诉电话：010-88190744
打击盗版举报热线：010-88191661　QQ：2242791300

本书受到国家自然科学基金项目（71673285）、山西财经大学校级教改项目（Z2018071、QYW202011）以及山西弘信房地产估价咨询有限公司委托项目（K641001）的资助。

前　　言

在我国城市化面临转型、土地与人口城市化不协调、国民经济较多依赖房地产业、房地产经济住房化特征明显和房地产调控长效机制尚需完善的背景下，本书基于我国地方政府公司化、房地产金融化和土地利用财政化的特殊情境，着眼于房地产开发活动对城市化进程的影响，特别是房地产开发活动对城市化失衡现象的影响及其机理的关注，研究房地产开发对城市土地扩张的影响以及房地产开发对城市土地与人口扩张失衡的影响及其机理，有利于房地产开发活动对城市扩张现象影响的观察分析，有利于提供城市扩张问题在房地产开发管理和调控方面的治理思路，有可能进一步丰富房地产经济学、城市经济学和规制经济学的内容并拓展其应用范围，从而促进房地产经济学、城市经济学和规制经济学的交叉研究和共生发展。

首先，作为文献综述部分，本书的第 2 章通过对城市扩张、房地产开发、房地产开发影响城市扩张以及房地产开发规制等几方面相关文献的梳理，提炼出地方政府公司化、房地产金融化和土地利用财政化三个体现房地产开发影响城市扩张的特殊背景的线索性概念，并总结了房地产开发影响城市扩张相关研究在研究内容、研究维度、研究方法和研究结论等方面的主要特征与不足。

其次，作为理论分析部分，本书的第 3 章从我国房地产开发影响城市扩张的特殊背景、房地产开发对城市土地扩张的影响以及房地产开发对城市土地扩张与人口扩张失衡（即城市扩张失衡）的影响几方面的总体关注上建立了房地产开发影响城市扩张的理论分析框架，从理论上探讨了房地产开发对城市扩张的影响。通过房地产开发影响城市扩张的理论分析，本书系统地总结了我国房地产开发影响城市扩张在地方政府公司化、房地产金融化和土地利用财政化几方面的特殊背景，并系统地进行了房地产开发影响城市土地扩张和城市土地扩张与人口扩张失衡（即城市扩张失衡）的理论分析，以及房地产开发影响城市土地与人口扩张失衡（即城市扩张失衡）在产业结构调整效应和公共支出挤占效应两方面的主要机理。在对房地产开发影响城市扩张的理论分析的过程中，提出了四个研究假说。研究假说一：房地产开发影响城市土地扩张。研究假说二：房地产开发影响城市土地扩张与人口扩张失衡。研究假说三：在地方政府竞争的过程之中，房地产开发通过产业结构偏向影响城市土地扩张与人口扩张失衡。研究假说四：在地方政府竞争的过程之中，房地产开发通过公共支出偏向影响城市土地扩张与人口扩张失衡。最后，本书就我国房地产开发规制的特殊性及其对城市扩张的重要影响加以分析。

接着，作为现状分析部分，本书的第 4 章分析了我国房地产开发与城市扩张的变化特征。改革开放以来，我国城市土地规模和人口规模都经历了大幅的扩张，并且在大部分年份前者的速度快于后者，存在城市土地扩张快于城市人口扩张的城市扩张失衡现象。与此同时，我国房地产投资完成额占国内生产总值（GDP）的比重长期增长，房地产投资完成额中住宅投资占比长期居高不下，商品住房销售规模大幅度扩张、增速长期超过人口扩张速度，商品住房平均销售价格持续上涨。总体上看，随着我国房地产投资完成额的增加存在城市扩张失衡的现象。

然后，作为实证分析部分，本书的第 5 章和第 6 章逐一验证了第 3 章提出的四个研究假说。在第 5 章中，为了实证检验特殊背景之下房地产开发对城市扩张的影响，对应于第1章关于城市扩张在城市土地扩张和城市土地与人口扩张失衡（即城市扩张失衡）两方面的内涵界定，通过建立面板自回归分布滞后（ADRL）模型并转化为相应的面板误差修正模型（ECM），然后使用1997—2016年20年间我国35个大中城市的面板数据，采用混合组群平均（PMG）估计式、传统固定效应（DFE）估计式及组群平均（MG）估计式三种方法进行估计，并根据豪斯曼检验进行三种方法对应模型的筛选，分析了在地方政府公司化、房地产金融化和土地利用财政化的特殊背景之下，房地产开发影响城市土地扩张及城市土地与人口扩张失衡（即城市扩张失衡）的长期效应和短期效应，从而验证了第3章提出的研究假说一和研究假说二。在第6章中，为了实证检验特殊背景之下房地产开发影响城市土地与人口扩张失衡（即城市扩张失衡）在产业结构调整效应和公共支出挤占效应两方面的主要机理，本书引入了产业结构偏向和公共支出偏向两个中介变量，构建了一系列动态面板数据计量模型，并选择差分广义矩估计方法（Difference－GMM）和系统广义矩估计方法（System－GMM）进行模型估计，分析了房地产开发、产业结构偏向、公共支出偏向和城市土地与人口扩张失衡（即城市扩张失衡）之间的多重关系。由于产业结构偏向和公共支出偏向两个中介变量在房地产开发影响城市土地与人口扩张失衡（即城市扩张失衡）的过程中所起的间接效应需要具体的甄别和判断，以确定其到底是中介效应还是遮蔽效应？本书第6章利用2007—2016年10年间我国35个大中城市的面板数据，对产业结构偏向和公共支出偏向两个中介变量在房地产开发影响城市土地与人口扩张失衡（即城市扩张失衡）的过程中所涉及的总效应、直接效应和间接效应等进行了逐一验证。从而再次验证了研究假说二，并验证了研究假说三和研究假说四，发现了产业结构调整效应和公共支出挤占效应的具体表现形式，即产业结构偏向和公共支出偏向在房地产开发影响城市土地与人口扩张失衡（即城市扩张失衡）

的过程中，分别发挥着相应的遮蔽效应和部分中介效应。

最后，作为总结部分，本书的第7章对全书的主要结论、政策建议和研究不足与展望进行了总结。主要结论有：

第一，房地产开发是城市土地扩张的影响因素，且长短期效应均为正。第5章通过实证检验得出结论：对数房地产投资额对城市土地扩张系数的长期影响系数和短期影响系数分别为0.0916和0.107，分别在5%和10%的显著性水平之下显著，房地产开发对城市土地扩张有着显著的长期正向影响和短期正向影响。

第二，房地产开发是城市土地扩张与人口扩张失衡的影响因素，且长短期效应均为正。第5章通过实证检验得出结论：对数房地产投资额对城市扩张失衡系数的长期影响系数和短期影响系数分别为0.0774和0.0889，分别在5%和10%的显著性水平之下显著，说明房地产开发对城市扩张失衡有着显著的长期正向影响和短期正向影响。第6章通过实证检验得出结论：由差分广义矩估计方法（Difference－GMM）的结果可知，房地产投资额滞后两期对城市扩张失衡系数在1%的显著性水平下有显著的正向影响，影响系数为0.0243479，表明对数房地产投资额滞后两期的上涨对城市扩张失衡有显著的推动作用；由系统广义矩估计方法（System－GMM）的结果可知，对数房地产投资额滞后两期对城市扩张失衡系数在1%的显著性水平下有显著的正向影响，影响系数为0.0199613，表明对数房地产投资额滞后两期的上涨对城市扩张失衡有显著的推动作用。

第三，产业结构偏向在房地产开发影响城市扩张失衡中具有表现为遮蔽效应的间接效应。第6章通过实证检验得出结论：产业结构偏向在房地产开发投资影响城市扩张失衡的过程中存在遮掩效应，其间接效应与直接效应之比绝对值的差分广义矩估计方法（Difference－GMM）和系统广义矩估计方法（System－GMM）的估计结果分别为7.4%和4.9%。

第四，公共支出偏向在房地产开发影响城市扩张失衡中具有表现为部分中介效应的间接效应。第6章通过实证检验得出结论：公共支出偏向在房地产开发投资影响城市扩张失衡的过程中存在部分中介效应，其中介效应占总效应的比重的差分广义矩估计方法（Difference－GMM）和系统广义矩估计方法（System－GMM）的估计结果分别为14.6%和23.4%。

总之，本书的主要研究结论为，在地方政府公司化、房地产金融化和土地利用财政化的特殊背景之下，我国的房地产开发活动影响了城市土地扩张以及城市土地扩张与人口扩张失衡（即城市扩张失衡），这两方面的影响在长期和短期均表现为显著的正向推动效应。而且，在房地产开发影响城市土地与人口扩张失衡（即城市扩张失衡）的过程中存在产业结构调整效应和公共支出挤占效应，产业结构偏向和公共支出偏向分别在其中发挥着相应的遮蔽效应和部分中介效应。另外，本书基于关于房地产开发影响城市扩张的理论分析和实证分析，以及我国房地产开发规制的特殊性对城市扩张的重要影响，在中央政府的房地产规制行为改善、地方政府的房地产规制行为规范、房地产利益集团的有效约束与相应引导和房地产消费者的理性培养和弱势关怀几个方面提出了相应的政策建议。

本书的研究不足和展望在于，研究内容可以进一步深化和丰富，研究数据有待进一步充实和改善，研究背景的分析可以进一步深化和拓展。

本书研究的主要创新点在于，系统地总结了房地产开发影响城市扩张的特殊背景；系统地进行了房地产开发影响城市扩张的理论分析；揭示了房地产开发影响城市土地扩张与城市扩张失衡的长短期效应；揭示了产业结构偏向和公共支出偏向对房地产开发影响城市土地与人口扩张失衡（即城市扩张失衡）的遮蔽效应和中介效应。

Preface

Under the background of urbanization transformation, land incompatibility with population urbanization, more reliance on the real estate industry in the national economy, the housing characteristics of real estate economy, and the long-term mechanism of real estate regulation need to be perfected, based on the special circumstances of China's corporatization of local government, financialization of real estate and fiscalization of land use, the book focuses on the impact of real estate development on the process of urbanization, in particular, the impact on the imbalance of urbanization and its mechanism. This book studies the impact of real estate development on urban land expansion and the impact of real estate development on urban land and population expansion imbalance and its mechanism. This is conducive to China's observation of the impact of real estate development on urban urbanization, and helps to provide ideas for urban expansion in the management and regulation of real estate development. It may further enrich the content of real estate economics, urban economics and regulatory economics, and expand their scope of application, thus promoting real estate economics, urban economics and regulatory economics in cross-research and symbiotic development.

Firstly, as the literature review part, the second chapter, through the literature review of urban expansion, real estate development, the effect of real estate development on urban expansion and real estate development regulation, abstracts the clue concept of three aspects, namely, corporatization of local government, financialization of real estate and fiscalization of land use, and summarizes the main characteristics and deficiencies of the relevant research in real estate development affecting urban expansion in terms of research contents, research dimensions, research methods and research conclusions.

Secondly, as the theoretical analysis part, the third chapter establishes the theoretical analysis framework of the impact of real estate development on urban expansion from the following aspects: the special background of China's real estate development affecting urban expansion, the impact of real estate development on urban land expansion, and the impact of real estate development on urban land expansion and population expansion imbalance (i. e. urban expansion imbalance), and theoretically explores the impact of real estate development on urban expansion. Through the theoretical analysis of the impact of real estate development on urban expansion, the book systematically summarizes the special background of China's real estate development affecting urban expansion in the aspects of corporatization of local government, financialization of real estate and fiscalization of land use, systematically analyzes the impact of real estate development on urban land expansion, and on the imbalance of urban land expansion and population expansion (i. e. urban expansion imbalance), systematically analyzes the main mechanism of real estate development affecting the imbalance between urban land and population expansion (i. e. urban expansion imbalance), in the two aspects of industrial structure adjustment effect and public expenditure crowding out effect. In the process of theoretical analysis of the impact of real estate development on urban expansion, the book puts forward four hypotheses. Research hypothesis 1: Real estate development affects urban land expansion. Research hypothesis 2: Real estate development affects the imbalance between urban land expansion and population expansion. Research hypothesis 3: In the process of local government competition, real estate development affects the imbalance between urban land expansion and population expansion through industrial structure bias. Research hypothesis 4: In the process of local government competition, real estate development affects urban land expansion and population expansion imbalance through public expenditure bias. Finally, the book analyzes the particularity of real estate development regulation and its important influence on urban expansion.

Then, as an analysis of the status quo, the fourth chapter analyzes the changing characteristics of China's real estate development and urban expansion. Since the reform and opening up, China's urban land scale and population size have experienced a substantial expansion, and in most years, the former is faster than the latter, and there is an imbalance between urban land expansion and population expansion. At the same time, the proportion of real estate investment in GDP has been increasing for a long time, the proportion of residential investment in real estate investment has remained high for a long time, the sales scale of commercial housing has expanded greatly and the growth rate has long exceeded the population expansion rate, and the average sales price of commercial housing has continued to rise. Generally speaking, with the increase of real estate investment in China, there is a phenomenon of imbalance in urban expansion.

And then, as an empirical analysis part, Chapter 5 and Chapter 6 verify the four hypotheses proposed in Chapter 3 one by one. In the fifth chapter, in order to empirically test the impact of real estate development on urban expansion under special background, corresponding to the definition of urban expansion in two aspects of urban land expansion and urban land and population expansion imbalance (i. e. urban expansion imbalance) in the first chapter of the book, the panel auto regressive distribution lag (ADRL) model is established and transformed into the corresponding panel error correction model (ECM), the panel data of 35 large and medium-sized cities in China in the past 1997 – 2016 is used, three methods of mixed group average (PMG) estimation, traditional fixed effect (DFE) estimation and group average (MG) estimation are used , and the three models corresponding to Houseman's test are screened. In short, the book analyzes the long-term and short-term effects of real estate development on urban land expansion and the imbalance between urban land and population expansion (i. e.

urban expansion unbalance) under the special background of corporatization of local government, financialization of real estate and fiscalization of land use. The research hypotheses 1 and research hypothesis 2 are verified. In the sixth chapter, in order to empirically test the main mechanism of real estate development affecting the imbalance between urban land and population expansion (i. e. the imbalance of urban expansion) in the two aspects of industrial structure adjustment effect and public expenditure crowding out effect, the book introduces two intermediary variables: industrial structure bias and public expenditure bias, constructs a series of dynamic panel data econometric models, and selects differential generalized moment estimation (Difference – GMM) and system generalized moment estimation (System – GMM) for model estimation, and analyzes the multiple relationships between real estate development, industrial structure bias, public expenditure bias and urban land and population expansion imbalance (i. e. urban expansion imbalance). Because of the two mediator variables of industrial structure bias and public expenditure bias, the indirect effects of real estate development on the imbalance between urban land and population expansion (i. e. urban expansion imbalance) need to be specifically screened and judged to determine whether it is a mediating effect or a sheltered effect. In the sixth chapter, based on the panel data of 35 large and medium-sized cities in 2007 – 2016, the effects of industrial structure bias and public expenditure bias in the process of real estate development affecting the imbalance between urban land and population expansion (i. e. urban expansion imbalance) are verified, and the total effect, direct effect and indirect effect are screened. Thus, the book once again verified the research hypothesis 2, and verified the research hypothesis 3 and the research hypothesis 4, and found the concrete manifestation of the industrial structure adjustment effect and the public expenditure crowding out effect, that is the industrial structure bias and the public expenditure bias play the corresponding shading effect and a partial mediation effect in the process of real estate development affecting the imbalance between urban land and population expansion (i. e. urban expansion imbalance) .

Finally, as a summary, Chapter 7 summarizes the main conclusions, policy recommendations and research deficiencies and prospects of the book. The main conclusions of the book are: first, real estate development is the influencing factor of urban land expansion, and the long term and short-term effects are positive. The fifth chapter concludes that the long-term and short-term impact coefficients of logarithmic real estate investment on urban land expansion coefficient are 0.0916 and 0.107, respectively, under the significant level of 5% and 10% respectively, and real estate development has significant long-term positive effects and short-term positive effects on urban land expansion. Second, real estate development is an important factor affecting the imbalance between urban land expansion and population expansion, and the long term and short-term effects are positive. The fifth chapter concludes that the long-term and short-term impact coefficients of logarithmic real estate investment on urban expansion imbalance coefficient are 0.0774 and 0.0889 respectively, under the significant level of 5% and 10% respectively. This shows that the real estate development has significant long-term positive effects and short-term positive effects on urban expansion imbalance. The sixth chapter draws a conclusion through empirical analysis: the result of differential generalized moment estimation (Difference – GMM) shows that the lag of two phases of real estate investment has a significant positive impact on the urban expansion imbalance coefficient at a significant level of 1%, with a coefficient of 0.0243479, indicating that the rise of the number of real estate investment lagged two phases has a significant role in promoting urban expansion imbalance. According to the results of the generalized moment estimation (System – GMM) method, the logarithmic real estate investment lag two periods have a significant positive impact on the imbalance coefficient of urban expansion at a significant level of 1%, and the coefficient of influence is 0.0199613. Third, the industrial structure bias in the real estate development has an indirect effect on the urban expansion imbalance. The sixth chapter draws a conclusion through empirical analysis: there is a shielding effect of industrial structure bias in the process of real estate investment affecting the imbalance of urban expansion. The estimation of the absolute value of the ratio of indirect effect to direct effect is 7.4% and 4.9% respectively by using the generalized moment estimation (Difference – GMM) and the generalized moment estimation (System – GMM) method. Fourth, the public expenditure bias tends to play an indirect effect in form of the mediating in the effect of real estate development on the imbalance of urban expansion. The sixth chapter draws a conclusion from empirical analysis: there is a partial mediation effect of the public expenditure bias in the process of real estate investment affecting the urban expansion imbalance, and the estimation results of the difference generalized moment estimation method (Difference – GMM) and the generalized moment estimation (System – GMM) of the medium effect in the total effect are 14.6% and 23.4% respectively.

In short, the main conclusions of the book are under the special background of corporatization of local government, financialization of real estate and fiscalization of land use, China's real estate development activities have affected the urban land expansion and the imbalance between urban land expansion and population expansion (i. e. urban expansion imbalance). These two aspects have significant positive effects in the long run and short term. And in the process of real estate development affecting the imbalance between urban land and population expansion (i. e. urban expansion imbalance), there are industrial restructuring effects and public expenditure crowding out effects. Industrial structure bias and public expenditure bias play a corresponding shielding effect and partial intermediary effect respectively. In addition, based on the theoretical analysis and empirical analysis of real estate development affecting urban expansion, as well as the relevant research results of real estate development regulation, the central government's real estate regulation behavior improvement, local government's real estate regulation behavior norms, the effective restriction and corresponding guidance of real estate benefit group, and rational training and disadvantaged concern of real estate consumers are introduced and the corresponding policy suggestions are put forward. The shortcomings and prospects of this book lie in that the research content can be further deepened and enriched, the research data need to be further enriched and improved, and the analysis of research background can be further deepened and expanded. The main innovation of this book is to systematically summarize the special background of the impact of real estate development on urban expansion, systematically analyze the theoretical analysis of the impact of real estate development on urban expansion, and reveal the long and short term effects of real estate development on the urban land expansion and the imbalance between urban land expansion and population expansion, and reveal the influence of industrial structure bias and public expenditure bias on the impact of real estate development on the imbalance between urban land and population expansion, that are the shading effect and intermediary effect.

目　　录

图表索引

第 1 章

绪　　论

1.1 研究背景与研究意义

1.1.1 研究背景

现实方面和理论方面的背景是研究课题产生的两个最基本、最重要的来源，可以为研究提供特定的视野与框架（风笑天，2001）。本书的研究背景主要在于以下几个方面：

（1）我国正处于城市化转型的新时期

中国城市化和美国高科技发展，被斯蒂格利茨称为21世纪影响人类发展的两个重大事件（张京祥等，2012）。转变增长方式和缩小城乡差别是当前我国经济社会的重要方向，其根本出路在于大力推进城市化（万广华等，2010）。如今，推进新型城镇化已经成为我国社会各界的共识，而房地产市场的健康和稳定发展是新型城镇化的重要保障与内容（王雨飞等，2016）。

从整个城市化过程表现出来的规律性以及发达国家和地区的实践经验来看，当人口城市化率大于50%的时候，结构转换型的城市化特征将会凸显出来；当城市化率大于75%的时候，结构转换型特征的城市化将会取代人口转移型特征的城市化，并呈现为城市化过程表现出来的主要形式（魏后凯，2013）。2015年，我国常住人口城市化率已经达到56.1%，城市化过程已经步入结构转型特征凸显的高速发展时期。可见，我国城市化的主要任务在于通过结构转型提高城市化的质量，并强调地区、城乡、产业等重大结构转型。

同样，从整个城市化过程表现出来的规律性以及发达国家和地区的实践经验来看，当人口城市化率小于50%的时候，人口流动的方向主要表现为由农村向城市的流动，当人口城市化率大于50%的时候，人口流动的方向则主要表现为由小城市向大城市的流动；相应地，当人口城市化率小于50%的时候，房价涨幅在大中小城市范围内比较接近，当人口城市化率大于50%的时候，房价涨幅在大城市比中小城市更为明显①。因此，正处于城市化转型的新时期是我国房地产市场发展的主要背景之一，充分认识城市化转型的背景对于研究房地产市场的相关问题意义重大，将房地产开发与管理的研究置于城市化进程大背景之下有一定的理论意义和实践意义。

（2）我国存在城市土地扩张和人口扩张不协调现象

城市是集约利用土地的一种组织形式（周一星，2006），城市化是一个人口集中的过程，应当有利于土地资源的集约利用（洪世键等，2012）。但是，中国城市化实施的是赶超战略，在赶超的过程中必然出现种种扭曲：看似付出的经济成本较小，但所积累的社会、资源和生态环境压力也在日渐加大（张京详，2010）。我国普遍存在城市规划过于超前、城市面积扩张速度快于城市人口增长速度的现象（熊柴等，2012；蔡继明等，2013；江曼琦等，2015；谢冬水，2016；王佳，2017），并且在中西部省份更为严重（陆铭，2016）。土地城市化与人口城市化不协调是城镇化过程中出现的一个突出问题（张清勇等，2017）。

实际上，城市土地扩张速度大于人口扩张速度的现象是20世纪以来世界城市发展过程中面临的重要难题（师嘉林，2014；张清勇等，2017）。美国是较早针对城市土地扩张和人口扩张不协调现象展开相关研究的国家（范建红等，2014）。这是因为，城市蔓延现象在美国表现得尤为突出（张庭伟，1999）。城市蔓延在美国公认的开始时间是20世纪50年代（于文波等，2004）。20世纪50年代末，在美国城市郊区化的进程中出现了城市空间近乎失控地向郊区拓展的现象（王枫云等，2014），这种现象即城市蔓延（William，1958）。1950—1990年，美国城市土地规模扩张了245%，人口规模扩张了92%（Arthur O'Sullivan，2012），前者是后者的2.66倍。也就是说，美国城市在这40年间的土地扩张是人口扩张的2.66倍。

① 生育政策调整下的住房需求走势［N］．中国人口报．2015年1月19日：第003版（理论）。

根据国家统计局的数据，1981 年我国城市建成区面积为 7 438 平方千米，2008 年增至 36 295 平方千米，年平均增长幅度为 6.3%，而同期，城镇人口年平均增长幅度仅为 4.21%，前者远高于后者（田莉，2011）。同样，根据国家统计局的数据，1998 年我国城市建成区面积为 21 379.56 平方千米，2015 年增至 52 102.3 平方千米，增长幅度为 144%；同期，我国城镇人口由 41 608 万人增至 77 116 万人，增长幅度为 85%。城市建成区面积扩张幅度是人口增长的 1.69 倍。也就是说，1998—2015 年，我国城市的土地扩张是人口扩张的 1.69 倍。我国土地城镇化速度大大快于人口城镇化（陆大道等，2007）。事实上，改革开放特别是 20 世纪 90 年代以来，城市空间过度增长即城市蔓延已经成为我国城市化进程的重要特征（洪世键等，2012）。可见，我国土地城市化超前于人口城市化，存在城市土地扩张和人口扩张不协调现象。

（3）我国国民经济在部分地区存在过分依赖房地产业的现象

中央在 2000 年之后的多次财税体制调整，使地方经济发展走上了以房地产业、建筑业等相关的产业为重点甚至依托的发展地方经济的道路（陈志勇、陈莉莉，2011；杜金华、陈治国，2018）。我国城镇化进程中存在的局部地区过度依赖房地产业的问题引起了各界重视（辜胜阻等，2013；吕冰洋等，2014）。一方面，房地产业已成为许多中心城市的支柱产业（吕冰洋等，2014；住宅市场健康指标课题组，2015），对地方税收的贡献率逐年提高（吕冰洋等，2014）。另一方面，在房价上涨的背景下，房地产行业的高回报率吸引了大量的资本以及其他企业的进入。荣昭等（2014）利用 2001—2008 年全国 35 个大中城市非房地产（主营业务不是房地产）上市企业数据，提供了房价上涨吸引非房地产企业进入房地产行业的证据：截至 2008 年，这些企业超过半数以上拥有房地产业务。

健康的城镇化需要多元产业的支撑和坚实的实体经济基础，不能建立在单一的某一个产业的基础上。城镇化进程中出现的经济结构的房地产化倾向和现象，主要表现在地方政府在推进城镇化的过程中，过度地依靠房地产业的发展，却忽视了产业之间的均衡和协调发展及其与城市经济社会的均衡和协调，从而使得城市走上了注重规模扩张的道路，在整体上表现为主要依靠政府而非市场推动城镇化、过多依靠土地财政，进而推高地价和房价，不利于居民消费的扩张，不利于人口城市化的推进，也不利于实体经济的充分发展（辜胜阻等，2013）。

总之，房地产行业的扩张、各类企业迅速向房地产行业转型，使得我国国民经济具有明显的房地产化特征，给我国经济的发展和转型带来许多风险、阻力和隐患。特别是，近年来我国经济增速放缓，高房价给产业结构升级和城市化带来了困难和阻力。因此，在新型城镇化背景下，房地产业发展阶段、趋势及政策选择研究成为现阶段亟待研究的重要课题。

（4）我国房地产业具有明显的住房化特征

房价上涨是与城市化相伴而生的现象，内生于城市化的过程之中，在存在收入方面的差距的情况下，如果没有政府部门采取必要的干预措施，房价上涨的现象就难以避免（刘维奇，2011）。我国的人口城市化过程被划分成了两个阶段：劳动力城市化和消费者城市化，也被分解为三种形态：劳动力城市化、消费者城市化以及劳动力及其家属作为消费者的城市化三种形态。其中，劳动力城市化与消费者城市化分离、消费者城市化较劳动力城市化滞后，是我国现阶段的城市化存在的真正问题，其重要原因之一在于高房价带来的高居住成本（宋立，2014）。

住房市场是房地产市场的核心（住宅市场健康指标课题组，2015）。中国的分税制本质上是一个弹性的分成合同系统，在不对称的信息条件之下，这个系统在地方政府发展本地经济方面具有一定的激励效果，但是，与此同时却容易使地方政府的行为产生扭曲，从而造成地方在竞相发展经济的过程中出现重复建设的现象，造成地方经济的粗放式增长（吕冰洋等，2014）。总体上讲，中国的城市化在总体上不是一个基于市场经济的自发发展而展开的过程，相反，中国城市化带有着明显的政府主导、依靠政府推动的特征；中国城市化在其发展的不同阶段和其他社会经济活动的进程有着不同的逻辑关系（张京祥，2010）。“土地财政”就是城市化过程在弹性的分成合同系统中出现的特殊现象（吕冰洋等，2014），造成了居住用地和工业用地价格的倒挂机制。从而，城市住房价格被赋予了新的内涵，房地产也表现出明显的住房化特征，并在一定程度上造成了城市土地扩张和人口扩张不协调的后果（王家庭等，2016）。因此，关注房地产市场的发展，分析房地产开发对人口城市化和土地城市化失衡的影响，并探索房地产开发调控方面的对策有一定的理论意义和现实意义。

（5）我国房地产调控长效机制尚需完善

在经济全球化和我国经济快速发展的过程中，效率优先、兼顾公平早已成为耳熟能详的经济社会发展指导思想。诚然，如果还停留在公平和效率非此即彼的徘徊上，不仅在实践上可能付出代价，而且在理论上不合时宜（陈钊、陆铭，2009）。在房地产经济和城市经济的发展和互动过程中，由于新的现象和问题的出现，也日益呼唤关于公平与效率抉择困境的理论指导。房地产开发影响城市扩张的认识和管理事关经济发展和社会进步，应该引起足够重视。

在这个治理越来越重要的时代，管制国家的兴起是一个全球现象。由于在经济调控和管理实践中受到新自由主义思想的影响，不少国家在放松了管制之后，又出现了重新强调管制的趋势和现象，与此同时，更加强调社会性的管制在经济管制中的作用。在这样的背景之下，原有的、旧的管制政治经济学受到了新的挑战：首先，关于俘获管制现象的实证类研究成了新的学术探索重点，借以研究如何通过制度性、结构性条件的干预减少乃至防止管制的俘获的出现；其次，在政府管制的过程中，最优的激励机制的设计和研究成了新的研究热点，借以研究强化管制之后在被管制者身上表现出来的激励效果；再次，激励管制者本身的研究，对于公共治理效果的改善和提升也非常关键而成为热点和重点的研究领域；最后，由于社会问题的不断出现，社会性管制日益受到重视，亟待丰富相关研究（顾昕，2016）。

近年来，房地产开发领域地方政府与开发商结成联盟（杨帆、卢周来，2010；张振华，2011；吴启焰、曾文，2011）并牺牲消费者弱势群体利益谋求城市经济发展（张振华，2011）的现象深受关注，房地产管理或调控的长效机制建设一直是学界和政界关注的重要热点。基于规制经济学基本理论、房地产业自身特征以及我国宏观调控的基本现实，进行房地产开发管理或调控理论研究，有着深刻的理论意义和现实意义。规制经济学中的利益集团理论和社会性规制理论与房地产开发影响城市扩张的研究关系密切，可以据此分析房地产开发管理或调控的具体特征，并探索城市扩张问题在房地产开发管理或调控方面的具体方向，致力于房地产开发管理或调控长效机制的完善。

1.1.2 研究意义

在我国城市化面临转型、土地与人口城市化不协调、国民经济较多依赖房地产业、房地产经济住房化特征明显和房地产开发管理或调控长效机制尚需完善的背景下，基于我国地方政府公司化、房地产金融化和土地利用财政化的背景，着眼于房地产开发活动对土地城市化以及对土地城市化和人口城市化不协调现象的影响和机理探究，研究房地产开发对城市扩张的影响有着深刻的现实意义和理论意义。

就现实意义而言，一方面，研究房地产开发对城市扩张的影响，有利于房地产开发活动对城市扩张现象影响的观察分析。房地产开发企业对房地产市场需求的迎合及其受到的政府干预，影响不同类型房地产市场的发展和互动，进而影响土地城市化以及土地城市化和人口城市化的关系。我国房地产开发活动是否影响了城市土地扩张？这种影响在长期和短期的具体效应是怎样的？我国房地产开发活动是否影响了城市土地扩张与人口扩张的差距或失衡？这种影响在长期和短期的具体效应又是怎样的？备受关注的地方产业结构调整和公共支出选择在房地产开发作用于城市土地扩张与人口扩张的差距或失衡的过程中起到了怎样的作用？扮演了怎样的角色？这些现象的综合观察和深入分析，有利于为探寻房地产开发活动影响城市化现象和问题的研究提供证据。另一方面，研究房地产开发对城市扩张的影响，有利于提供城市扩张问题在房地产开发管理和调控方面的治理思路。

就理论意义而言，本书着眼于房地产开发对城市扩张的影响和治理的关注及分析，有可能进一步丰富房地产经济学、城市经济学和规制经济学理论的内容并拓展其应用范围，从而促进房地产经济学、城市经济学和规制经济学的交叉研究和共生发展。其一，房地产经济学方面的丰富和拓展。研究房地产开发对城市扩张的影响，有利于深化关于房地产开发的经济社会影响的认识。研究房地产开发对城市扩张产生影响的特殊背景，有利于拓宽房地产开发及其管理分析的宏观视野。其二，城市经济学方面的丰富和拓展。研究房地产开发对城市扩张的影响，将房地产开发作为影响城市扩张这一城市经济社会现象的重要影响因素进行分析，有利于丰富城市经济学关于城市扩张影响因素、发生机理和施治方向的研究。其三，规制经济学在房地产规制方面研究的丰富和拓展。在房地产企业和地方政府形成利益联盟（杨帆、卢周来，2010；张振华，2011；吴启焰、曾文，2011）相关研究的基础上，研究房地产开发对城市扩张的影响，尤其是房地产开发影响城市土地扩张与人口扩张的差距或失衡的现象和机理分析，以及房地产利益集团和住房问题中弱势群体现象的观察，丰富了规制经济学房地产领域的现实素材，有利于规制经济学在房地产规制方面的研究及拓展。最后，研究房地产开发对城市扩张的影响过程中，关于规制经济学在城市土地扩张与人口扩张的差距或失衡的干预及其房地产开发管理和调控方面的思考，在一定程度上促进了房地产经济学、城市经济学和规制经济学的交叉研究，有利于三者的互相衔接和共生发展。

1.2　研究范围与核心概念界定

1.2.1　研究范围

本书的研究对象是房地产开发和城市扩张之间的关系，重在研究我国房地产开发对城市土地扩张的影响、房地产开发对城市土地扩张和人口扩张差距或失衡的影响，以及房地产开发影响城市土地扩张和人口扩张差距或失衡的机理，并探索我国城市土地扩张及其和人口扩张差距或失衡问题在房地产开发管理和调控方面的施治方向。

1.2.2 核心概念界定

准确、清晰的概念界定是理论建构得以开展的基础和前提（风笑天，2001）。本书的研究对象和范围涉及两个核心概念的界定：一是城市扩张；二是房地产开发。下面，我们就通过对这两个核心概念及相关概念的界定对本书的研究对象与范围进行进一步的描述和说明。

（1）城市扩张及相关概念

第一，城市扩张。本书关于城市扩张主要有两个方面的内涵界定：一是城市土地扩张，主要指城市建成区面积的扩张。二是城市扩张失衡，主要指城市土地扩张和城市人口扩张存在差距，并借鉴王佳（2017）的做法对其进行度量。城市人口扩张是指城市人口规模的扩大。城市土地扩张和城市人口扩张分别与土地城市化和人口城市化的概念对应。

第二，城市蔓延。城市蔓延是一个与城市扩张密切相关的概念。城市蔓延的学术关注由来已久。“蔓延”概念的最早提出，来自于1937年Earle Draper在一个全国性的规划师会议上的使用，主要是指一种形式上缺乏美感且不经济的居住模式（Wassmer，2002）。“城市蔓延”概念的最早提出，则来自于《财富》杂志记者威廉·H. 怀特（William H. Whyte，1958）在其组织召开的城市蔓延主题会议论文集引言中的使用，主要是指城市郊区飞地式的开发现象。从20世纪60年代开始，“城市蔓延”一词在社会公众和学术界广泛使用，主要是指不受欢迎的、具有一定社会影响的城市开发模式（洪世键等，2012）。虽然，“城市蔓延”一词的使用源于20世纪，但是对于城市蔓延带来的负面影响的关注却历史久远（布鲁格曼，2008）。在19世纪的英国，城市蔓延就引起了广泛的关注，并一直延续到第二次世界大战前夕（孙萍等，2011）。第二次世界大战之后，蔓延式的城市发展在美国表现突出，使得美国成为城市蔓延的主要场所。其间，美国学术界对城市蔓延的研究非常活跃并形成丰硕成果。

城市蔓延的界定与城市空间扩展的关系密切。城市空间是一个地理概念，主要是指城市建成区（何流等，2000）。城市空间的扩展主要有两种类型：外延扩展和内涵扩展，前者主要是指城市空间在数量上的增加，后者主要是指城市空间集约度的提高（何流等，2000）。城市空间扩展有其合理的一面（张庭伟，1999），也有其不合理的一面。学者们倾向于将城市空间扩展的不合理的方面视作城市蔓延，认为城市蔓延即城市空间较之人口规模的过度扩张（张庭伟，1999；Ewing 等，2003；张晓青，2006；马祖琦，2007；洪世键等，2012；洪世键等，2013）。城市空间的低密度扩展是城市蔓延的主要特征（布鲁格曼，2008）。

实际上，城市蔓延是城市化的一种形式（范建红等，2014）。由于城市规模度量的多角度关注，城市化的衡量指标也不唯一。土地城市化和人口城市化是目前关于城市化度量较多使用的两个概念，土地城市化和人口城市化的关系也是备受关注的课题（李昕等，2012）。考虑与人口城市化关系密切的土地城市化过程，是兼顾内涵和外延两个角度的城市空间扩展关注。不少学者（柴熊等，2012；谢冬水，2016；王佳，2017）从土地（空间）城市化和人口城市化的协调性方面审视了城市化失衡，称之为城市蔓延（秦蒙、刘修岩、李松林，2016；张清勇等，2017），并考察了其中的原因。因此，本书十分注重城市蔓延方面的丰硕研究基础，并始终注意城市扩张两个方面内涵的区分和相应的分析对应。

（2）房地产开发

开发，是指生产或经营者为了一定的经济或社会目标对资源进行整理和改造的行为和过程（谭术魁，2006；吕萍等，2016）。房地产开发是指房地产企业对土地进行投资、建设和管理的行为，是房地产产品的形成过程，也是房地产开发企业的生产和再生产过程（谭术魁，2006；吕萍等，2016）。房地产开发行业向市场出售的是房地产商品，而非服务，更像第二产业之中的制造业（崔裴，2008）。我国现代意义上的房地产开发源自于改革开放，土地和住房制度改革使房地产开发迅速发展并成为城市建设的主要力量（施建刚，2007）。房地产开发和房地产经营是房地产行业运行中广泛使用的两个概念，从广义上讲两者的本质相同，但从狭义角度讲是有区别的：前者强调的生产过程，后者强调的是市场交易过程；前者的主体是房地产开发企业，后者却也可以是使用者或中间商（郑晓云，

2016）。据此，本书将房地产开发界定为房地产产品的生产和经营活动，并主要研究房地产开发投资活动。

1.3 主要研究方法

（1）文献研究法

文献研究法是指通过文献调查的方式获取相应的研究资料，以便于对所研究问题的研究状况的全面了解，以及进一步开展相应的研究工作，从而服务于特定的研究目的的一种常用的研究方法。本书在研究问题的选择、提出、描述、论证和分析的过程中，几乎每个环节都用到了文献研究法。在本书中，文献研究法为其他研究方法的运用提供了重要的基础，使其他的研究方法有了相应的文献支撑，并得以进一步展开和实现，从而共同服务于问题研究的充分进行。

（2）数理分析法

在本书第3章，即关于房地产开发影响城市扩张的理论分析部分，建立了房地产开发、城市土地扩张与经济增长关系模型，进行房地产开发影响城市土地扩张的理论分析，通过数理分析和推导证明了房地产开发对城市土地扩张影响的存在性。同样，在地方政府和房地产企业利益联盟认识的基础上，对地方政府的城市化过程决策模型加以拓展，进行了特殊背景之下我国房地产开发影响城市扩张失衡（即城市土地扩张和人口扩张差距或失衡）的理论分析，通过数理分析和推导证明了房地产开发对城市土地扩张失衡影响的存在性。

（3）计量分析法

在本书第5章，即房地产开发、城市土地扩张和城市扩张失衡部分，建立了面板自回归分布滞后（ADRL）模型和相应的面板误差修正模型（ECM），分析了房地产开发影响城市土地扩张和城市扩张失衡的长期效应和短期效应。在第6章，即房地产开发、产业结构偏向、公共支出偏向和城市扩张失衡（即城市土地扩张和人口扩张差距或失衡）部分，引入产业结构偏向和公共支出偏向两个中介变量，构建了关于房地产开发、产业结构偏向、公共支出偏向和城市扩张失衡的一系列动态面板数据模型，分析了房地产开发、产业结构偏向、公共支出偏向和城市扩张失衡之间的关系，验证了产业结构偏向和公共支出偏向在房地产开发影响城市扩张失衡过程中的间接效应。

1.4 研究思路与主要内容

1.4.1 研究思路

本书首先通过文献综述提炼出地方政府公司化、房地产金融化和土地利用财政化三个体现房地产开发影响城市扩张机理的特殊背景的基础性概念。其次，从理论上探讨房地产开发对城市扩张的影响。通过理论分析，本书试图说明在特殊的背景之下我国房地产开发不仅促进了城市土地扩张而且促进了城市土地扩张和城市人口扩张失衡的现象，以及我国房地产开发通过产业结构偏向和公共支出偏向影响城市扩张失衡的机理。在这个过程中，提出了四个研究假说：研究假说一：房地产开发影响城市土地扩张。研究假说二：房地产开发影响城市土地扩张与人口扩张失衡。研究假说三：在地方政府竞争的过程之中，房地产开发通过产业结构偏向影响城市土地扩张与人口扩张失衡。研究假说四：在地方政府竞争的过程之中，房地产开发通过公共支出偏向影响城市土地扩张与人口扩张失衡。接着，作为现状分析，第4章分析了我国房地产开发与城市扩张的变化特征。然后，在本书的实证分析部分（即第5章和第6章）逐一验证研究假说一至研究假说四。在第5章，通过建立面板自回归分布滞后（ADRL）模型和相应的面板误差修正模型（ECM），采用混合组群平均（PMG）估计式、传统固定效应（DFE）估计式及组群平均（MG）估计式三种方法进行估计，并根据豪斯曼检验进行三种方法对应模型的筛选，同时分析了房地产开发影响城市扩张（即城市土地扩张和城市扩张失衡）的长期效应和短期效应。在第6章，引入中介变量产业结构偏向和公共支出偏向，构建系列动态面板数据计量模型，分析房地产开发、产业结构偏向、公共支出偏向和城市扩张失衡之间的关系，并选择差分广义矩估计方法（Difference - GMM）和系统广义矩估计方法（System - GMM）进行模型估计，验证研究假说二、研究假说三和研究假说四。第7章对本书的主要结论、政策建议与研究不足及展望进行了总结。本书研究的技术路线详见图1-1。

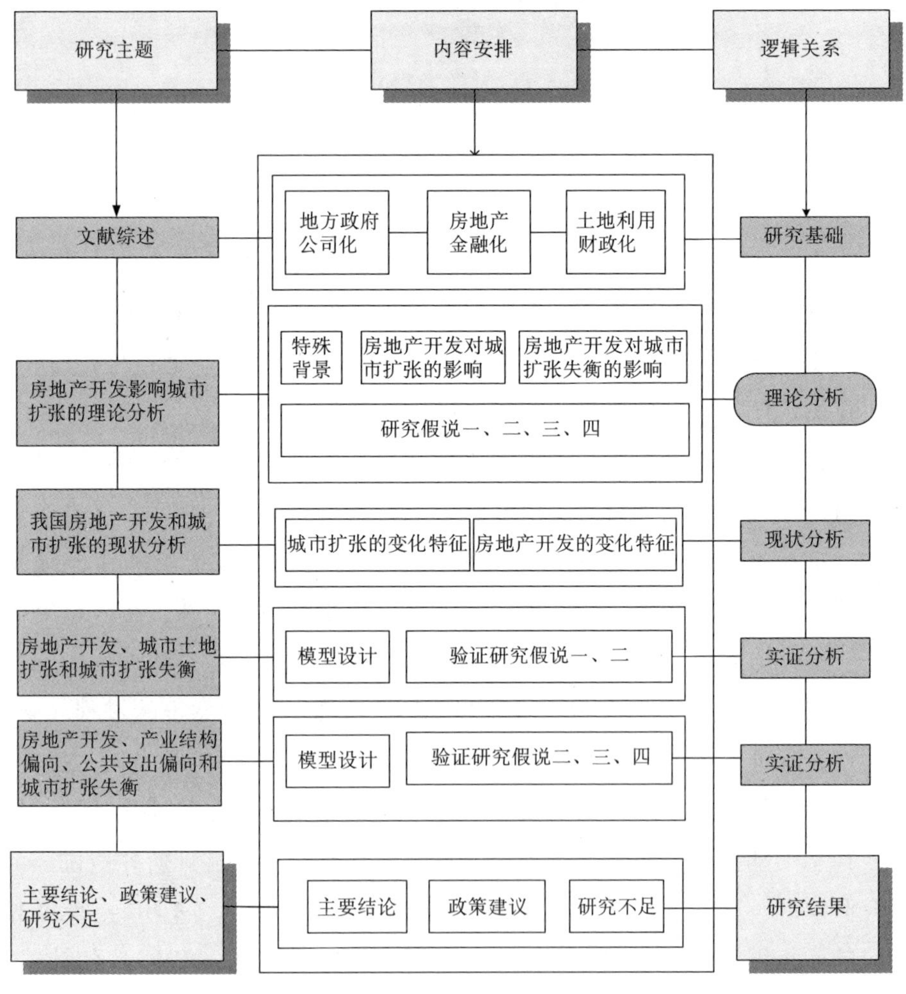

图1-1 研究技术路线图

1.4.2 主要内容

基于前述的研究思路，本书研究涉及的主要内容如下：

（1）文献综述

房地产开发影响城市扩张的相关研究主要涉及城市扩张、房地产开发、房地产开发影响城市扩张以及房地产开发规制等几个方面。因此，本书相关研究的文献综述主要从这几个方面展开。通过对城市扩张、房地产开发、房地产开发影响城市扩张以及房地产开发规制等几方面研究状况的梳理和总结，一方面发现了地方政府公司化、房地产金融化和土地利用财政化几个我国房地产开发影响城市扩张的重要线索；另一方面进一步认识了房地产开发影响城市扩张相关研究的主要特征与研究不足。

（2）房地产开发影响城市扩张的理论分析

本部分的主旨在于，从理论上探讨房地产开发对城市扩张的影响。通过理论分析，本书试图说明在特殊的背景之下我国房地产开发不仅促进了城市土地扩张而且促进了城市土地扩张和城市人口扩张失衡的现象，以及我国房地产开发通过产业结构偏向和公共支出偏向影响城市扩张失衡的机理。首先，对我国房地产开发影响城市扩张的特殊背景进行了总结，认为地方政府公司化、房地产金融化和土地利用财政化是我国房地产开发影响城市扩张的主要背景。其次，建立房地产开发、城市土地扩张与经济增长关系模型，进行房地产开发影响城市土地扩张的理论分析，证明房地产开发对城市土地扩张影响的存在性。然后，在地方政府和房地产企业利益联盟的基础上，对地方政府的城市化过程决策模型加以拓展，进行特殊背景之下我国房地产开发影响城市扩张失衡的理论分析。接着，进行了特殊背景之下我国房地产开发影响城市扩张失衡的主要机理的理论分析，认为在地方政府的竞争过程之中房地产开发通过产业结构偏向和公共支出偏向影响城市扩张失衡。在此过程中，本部分提出四个研究假说：研究假说一：房地产开发影响城市土地扩张。研究假说二：房地产开发影响城市土地扩张与人口扩张失衡。研究假说三：在地方政府竞争的过程之中，房地产开发通过产业结构偏向影响城市土地扩张与人口扩张失衡。研究假说四：在地方政府竞争的过程之中，房地产开发通过公共支出偏向影响城市土地扩张与人口扩张失衡。最后，就我国房地产开发规制的特殊性及其对城市扩张的重要影响加以分析。

（3）我国房地产开发与城市扩张的现状分析

本书在结合文献研究成果的基础上，用建成区面积增速度量城市土地扩张，以描述土地城市化现象；在增速差异的基础上用建成区面积增速与城市人口增速之差度量城市土地扩张与人口扩张的失衡状况，以描述土地城市化和人口城市化的差距。事实上，自改革开放以来，我国的城市发展经历了一个快速发展的过程，城市土地规模和人口规模大部分都在一定程度上进行了大幅度的扩张。但是，我国城市土地规模扩张快于人口规模扩张，存在城市扩张失衡现象。为了本书研究的方便和需要，我们主要使用房地产投资完成情况统计资料进行房地产开发水平的度量，度量指标为“房地产投资完成额”。随着房地产投资完成额的增加，我国存在城市扩张失衡现象并有加重的趋势。

（4）房地产开发、城市土地扩张和城市扩张失衡

本部分重在验证房地产开发对城市扩张（即城市土地扩张和城市扩张失衡）影响的存在性，以验证研究假说一。通过建立面板自回归分布滞后（ADRL）模型和相应的面板误差修正模型（ECM），采用混合组群平均（PMG）估计式、传统固定效应（DFE）估计式以及组群平均（MG）估计式三种方法进行估计，并根据豪斯曼检验进行三种方法对应模型的筛选，同时分析房地产开发影响城市扩张（即城市土地扩张和城市扩张失衡）的长期效应和短期效应。本部分实证检验的主要结论是，对数房地产投资额对城市土地扩张系数的长期影响系数和短期影响系数分别为 0. 0916 和 0. 107，分别在 5% 和 10% 的显著性水平之下显著，房地产开发对城市土地扩张有着显著的长期正向影响效应和短期正向影响效应，从而验证了研究假说一：房地产开发影响城市土地扩张；对数房地产投资额对城市扩张失衡系数的长期影响系数和短期影响系数分别为 0. 0774 和 0. 0889，分别在 5% 和 10% 的显著性水平之下显著，说明房地产开发对城市扩张失衡有着

显著的长期正向影响效应和短期正向影响效应，从而验证了研究假说二：房地产开发影响城市土地扩张与人口扩张失衡。

（5）房地产开发、产业结构偏向、公共支出偏向和城市扩张失衡

本部分引入中介变量产业结构偏向 stru 和公共支出偏向 dfexp，构建系列动态面板数据计量模型。按照温忠麟、叶宝娟（2014）提出的检验中介效应的流程，采用差分广义矩估计方法（Difference - GMM）和系统广义矩估计方法（System - GMM），分析和验证对数房地产投资额 dlndrinve、产业结构偏向 stru 和公共支出偏向 dfexp 对城市扩张失衡系数 expan1 的具体影响。本部分中介效应的验证涉及总效应、直接效应和间接效应等概念。

其一，是关于总效应的验证。由差分广义矩估计方法（Difference - GMM）的结果可知，对数房地产投资额 dlndrinve 滞后两期对城市扩张失衡系数 expan1 在 1% 的显著性水平下有显著的正向影响，影响系数为 0.0243479，表明对数房地产投资额滞后两期的上涨对城市扩张失衡有显著的推动作用；由系统广义矩估计方法（System - GMM）的结果可知，对数房地产投资额 dlndrinve 滞后两期对城市扩张失衡系数 expan1 在 1% 的显著性水平下有显著的正向影响，影响系数为 0.0199613，表明对数房地产投资额滞后两期的上涨对城市扩张失衡有显著的推动作用。

其二，是关于直接效应的验证。控制了产业结构偏向 stru 影响的差分广义矩估计方法（Difference - GMM）估计结果可知，对数房地产投资额 dlndrinve 滞后两期对城市扩张失衡在 1% 的显著性水平下有显著的正向影响，影响系数为 0.0382335，表明对数房地产投资额滞后两期的上涨对城市扩张失衡有显著的推动作用；以产业结构偏向 stru 为被解释变量的系统广义矩估计方法（System - GMM）估计结果可知，对数房地产投资额 dlndrinve 对城市扩张失衡在 1% 的显著性水平下有显著的正向影响，影响系数为 0.0220789，表明对数房地产投资额的上涨对城市扩张失衡有显著的推动作用。控制了公共支出偏向 dfexp 影响的差分广义矩估计方法（Difference - GMM）估计结果可知，对数房地产投资额 dlndrinve 滞后两期对城市扩张失衡在 1% 的显著性水平下有显著的正向影响，影响系数为

0.0231196，表明对数房地产投资额滞后两期的上涨对城市扩张失衡有显著的推动作用；以公共支出偏向 dfexp 为被解释变量的系统广义矩估计方法（System - GMM）估计结果可知，对数房地产投资额 dlndrinve 滞后两期对城市扩张失衡在 1% 的显著性水平下有显著的正向影响，影响系数为 0.018212，表明对数房地产投资额滞后两期的上涨对城市扩张失衡有显著的推动作用。

其三，是关于间接效应的验证。通过本章产业结构偏向 stru 和公共支出偏向 dfexp 中介效应验证分析的最终结果可知，产业结构偏向 stru 在对数房地产投资额 dlndrinve 影响城市扩张失衡系数 expan1 的过程中存在遮掩效应，间接效应与直接效应之比绝对值的差分广义矩估计方法（Difference - GMM）和系统广义矩估计方法（System - GMM）的估计结果分别为 7.4% 和 4.9%；公共支出偏向 dfexp 在对数房地产投资额 dlndrinve 影响城市扩张失衡系数 expan1 的过程中存在部分中介效应，中介效应占总效应的比重的差分广义矩估计方法（Difference - GMM）和系统广义矩估计方法（System - GMM）的估计结果分别为 14.6% 和 23.4%。本部分的实证结果验证了第 3 章提出的研究假说二、研究假说三和研究假说四。

（6）主要结论、政策建议、研究不足与展望

本书的主要结论有：房地产开发是城市土地扩张的影响因素，且长短期效应均为正；房地产开发是城市土地扩张与人口扩张失衡的影响因素，且长短期效应均为正；产业结构偏向在房地产开发影响城市扩张失衡中具有遮蔽效应；公共支出偏向在房地产开发影响城市扩张失衡中具有部分中介效应。本书的政策建议集中在中央政府的房地产规制行为改善、地方政府的房地产规制行为规范、房地产利益集团的有效约束以及房地产消费者的理性培养等几个方面。本书的研究不足及其展望在于可以在其他具有中介效应和遮蔽效应因素的探索方面进一步深化和丰富研究内容，可以致力于研究数据的进一步充实和改善，以及研究背景的分析可以进一步深化和拓展。

1.5 可能的创新点

本书着眼于我国房地产开发影响城市扩张的地方政府公司化、房地产金融化和土地利用财政化的特殊背景，从理论上系统分析了房地产开发对城市土地扩张和城市土地扩张与人口扩张失衡的影响，以及房地产开发影响城市土地扩张与人口扩张失衡过程中的产业结构调整效应和公共支出挤占效应。并通过实证分析了房地产开发对城市土地扩张和城市土地扩张与人口扩张失衡影响的长短期效应，以及产业结构偏向和公共支出偏向在房地产开发影响城市土地扩张与人口扩张失衡过程中的间接效应。综合来看，本书的研究创新体现在以下几个方面：

1.5.1 系统地总结了房地产开发影响城市扩张的特殊背景

地方政府公司化、房地产金融化和土地利用财政化是我国房地产开发影响城市扩张的特殊背景。本书对地方政府公司化、房地产金融化和土地利用财政化进行了系统的文献梳理和进一步的深入分析。其中，地方政府公司化强调了地方政府的自利特征，为分析地方政府在追求地方经济利益和政治利益的过程中，与房地产企业形成利益联盟、并带来了房地产开发影响城市扩张以及城市扩张失衡做了基础性概念准备。房地产金融化强调了房地产市场发展过程中重投资轻消费的特征及其与地方政府公司化、财税体制与政府管理体制特征相结合，在发展过程中形成的住房金融化和土地金融化现象。土地利用财政化是地方政府为了增加财政收入而做出的一系列土地利用策略调整。地方政府公司化、房地产金融化和土地利用财政化三者相互交织、相互影响，共同构成了房地产开发影响城市土地扩张、城市土地扩张与人口扩张失衡的特殊背景。本书关于房地产开发影响城市扩张的特殊背景的新总结，有利于房地产开发与管理相关研究的进一步开展。

1.5.2 系统地进行了房地产开发影响城市扩张的理论分析

本书建立了新的理论分析框架，重点研究了我国房地产开发不仅促进了城市土地扩张而且促进了城市土地扩张和城市人口扩张失衡的现象，以及我国房地产开发通过产业结构偏向和公共支出偏向影响城市扩张失衡的机理。首先，对我国房地产开发影响城市扩张的特殊背景进行了总结。其次，建立房地产开发、城市土地扩张与经济增长关系模型，进行房地产开发影响城市土地扩张的理论分析，证明房地产开发对城市土地扩张影响的存在性。然后，在地方政府和房地产企业利益联盟认识的基础上，对地方政府的城市化过程决策模型加以拓展，进行地方政府公司化、房地产金融化和土地利用财政化特殊背景之下我国房地产开发影响城市扩张失衡的理论分析。最后，进行特殊背景之下我国房地产开发影响城市扩张失衡的主要机理的理论分析，认为在地方政府的竞争过程之中房地产开发通过产业结构偏向和公共支出偏向影响城市扩张失衡。

1.5.3 揭示了房地产开发影响城市土地扩张与城市扩张失衡的长短期效应

本书创新性引入了“长短期效应”视角，分别考察房地产开发对城市土地扩张以及城市扩张失衡的影响。首先，在综合考虑被解释变量和解释变量惯性影响的基础上，建立了房地产开发影响城市土地扩张以及城市扩张失衡的面板自回归分布滞后（ADRL）模型。其次，借助于面板误差修正模型（ECM）鲜明的经济含义特征及其与面板自回归分布滞后（ADRL）模型的密切联系，将房地产开发影响城市土地扩张以及城市扩张失衡的面板自回归分布滞后（ADRL）模型变换成相应的面板误差修正模型（ECM），以同时实现房地产开发对城市土地扩张以及城市扩张失衡影响的长短期效应分析。最后，采用混合组群平均（PMG）估计式、传统固定效应（DFE）估计式以及组群平均（MG）估计式三种方法进行估计，并根据豪斯曼检验进行三种方法对应模型的筛选。本书对房地产开发对城市土地扩张以及城市扩张失衡的影响的长短期效应的分析，有利于房地产开发影响城市土地扩张与城市扩张失衡的动态视角研究。

1.5.4 揭示了产业结构偏向和公共支出偏向对房地产开发影响城市扩张失衡的遮蔽效应和中介效应

国内外文献关于中介效应的研究涉及区分间接效应的两种具体形态，即遮蔽效应和中介效应。本书首先从理论上分析了房地产开发影响城市土地扩张与人口扩张失衡过程中的产业结构调整效应和公共支出挤占效应。其次，引入中介变量产业结构偏向和公共支出偏向，构建系列动态面板数据计量模型。接着，按照温忠麟、叶宝娟（2014）提出的检验中介效应的流程，采用差分广义矩估计方法（Difference－GMM）和系统广义矩估计方法（System－GMM），分析和验证了产业结构偏向和公共支出偏向对房地产开发影响城市扩张失衡的具体影响。分析结果显示，产业结构偏向和公共支出偏向对房地产开发影响城市扩张失衡分别具有遮蔽效应和中介效应。也就是说，产业结构向第二产业的偏向有利于减缓房地产开发对城市土地扩张与人口扩张失衡的影响，公共支出偏向却充当了房地产开发对城市土地扩张与人口扩张失衡的影响的中介。本部分的创新性研究有利于丰富房地产开发影响城市土地扩张与人口扩张失衡的研究。

第 2 章

文献综述

房地产开发影响城市扩张的相关研究主要涉及城市扩张、房地产开发、房地产开发影响城市扩张以及房地产开发规制等几个方面。因此，本书关于房地产开发影响城市扩张相关研究的文献综述主要从这几个方面展开。本章通过房地产开发影响城市扩张的主要文献资料的梳理，一方面发现了房地产开发影响城市扩张的重要线索，另一方面分析了房地产开发影响城市扩张相关研究的主要特征与不足。

2.1　城市扩张方面的研究

与城市扩张有关的概念主要涉及城市规模扩张和城市蔓延两个方面，城市规模扩张包括城市土地、人口、经济规模及其综合规模的扩张，城市蔓延则侧重于城市扩张过程中土地规模扩张快于人口规模扩张的现象（杨孟禹、张可云，2016）。因此，本章主要涉及城市规模扩张和城市蔓延两个方面的研究状况，包括城市规模扩张与城市蔓延的界定、测度、后果、影响因素和机理以及治理等方面。

2.1.1　城市规模扩张方面的研究

城市规模扩张主要是指城市人口规模扩张（杨孟禹、张可云，2016；杨孟禹、张可云，2019；熊瑶、潘润秋、许刚等，2019；杨思莹、李政、孙广召，2019）、城市土地规模扩张（杨孟禹、张可云，2016；杨孟禹、张可云，2019；熊瑶、潘润秋、许刚等，2019；杨思莹、李政、孙广召，2019）、城市经济规模扩张（杨孟禹、张可云，2016；杨孟禹、张可云，2019）以及这几个方面的综合的城市扩张（杨孟禹、张可云，2016）和由此引起的景观格局改变（熊瑶、潘润秋、许刚等，2019）。比如，不少学者借助城市人口规模扩张和城市土地规模扩张的速度差异研究与城市规模扩张有关的城市扩张失衡问题（熊柴等，2012；蔡继明等，2013；师嘉林，2014；江曼琦等，2015；谢冬水，2016；陆铭，2016；王佳，2017；张清勇等，2017）。衡量城市规模扩张可选择反映城市人口规模、土地规模、经济规模以及由此引起的景观格局改变等方面的指标，比如人口规模、土地规模和经济规模的增长率，人口、土地和经济密度变化，人口、土地和经济强度变化以及景观指数等（熊瑶、潘润秋、许刚等，2019）。

与城市规模扩张密切相关的另一个概念是城市化，关于土地城市化和人口城市化的研究则更为普遍。土地城市化问题和概念的首次提出，是2007年陆大道、姚士谋等向国务院递交的报告《关于遏制“冒进式”城镇化和空间失控的建议》（李昕等，2012）。由于我国土地城市化速度大大快于人口城市化（陆大道等，2007）的现实，土地城市化的研究主要集中在土地城市化的内涵界定、测度方法以及与人口城市化的匹配性方面（李昕等，2012）。土地城市化的内涵界定主要强调农地转用或农地非农化的土地利用形态变化（吕萍等，2008）和土地权属的国有化（鲁德银，2010），土地城市化的测度方法研究有单一指标方法（李昕等，2012；薛欧等，2011），也有复合指标体系法（吕萍等，2008；薛欧等，2011）。土地城市化与人口城市化的匹配性研究方面成果体现在两者的不匹配性和人口城市化滞后于土地城市化（李昕等，2012）。

不少研究展开了对影响城市规模扩张因素的研究，比如，卓莉等（2007）实证分析了交通条件对于城市用地扩张的影响。再如，外部环境对国家范围内城市人口规模扩张具有明显的影响（张京祥，2010）。倪鹏飞等（2014）的研究进一步发现，与工业化进程相比，城市人口规模扩张的滞后程度与净出口有着显著的正相关关系。彭代彦等（2017）的研究则发现，对外开放程度对城市人口规模扩张滞后现象有显著负的影响，并认为可能是由于对外贸易的进一步发展提高了对外开放程度，因而可能创造更多的就业机会，从而促进城市人口规模扩张。

2.1.2 城市蔓延方面的研究

（1）城市蔓延内涵界定

“城市蔓延”概念提出之后，众多研究者对城市蔓延的内涵进行了界定，主要围绕城市蔓延的发生区位（Dutton，2000；Squires，2002）、土地利用（Clawson，1962；Ottensmann，1977；Downs，1999；Peiser，2001）、空间形态（Ewing，1997；Oliver，2007；李强、杨开忠，2007；蒋芳等，2007）和城市规模（陈明星等，2008；程玉鸿等，2016）、低密度本质（陈明星等，2008；冯科等，2009；丁成日，2009；程玉鸿等，2016）、政府因素（程玉鸿等，2016；Downs，1994；Downs，1998）等方面。需要引起注意的是，Razin 等（2000）强调了城市蔓延的低密度特征，认为密度是城市蔓延的首要衡量指标（虽不唯一）。比如，规划学认为，城市空间结构快速地、非连续地和低密度地扩张的现象即城市蔓延（刘修岩、李松林、秦蒙，2016）。Downs（1994；1998）和程玉鸿等（2016）强调了政府因素。Downs（1998）认为郊区蔓延包括了城市间土地使用权力的分散化和财政能力的巨大不一致。在逐渐丰富对城市蔓延内涵认识的同时，关于城市蔓延一词的感情色彩也经历了由中性向贬义的变化过程（陈明星等，2008）。

关于城市蔓延，较为客观和全面的界定强调私家车的普及背景，城市边缘的发生地域，非连续、带状、低密度和单一功能的扩展，土地城市化和人口城市化的不协调，以及相应的经济、社会和生态环境影响的城市空间扩张形式（程玉鸿等，2016）。Ewing（1997）则认为一个地区的土地使用率（增速）超过人口增长率，这个地区就出现了城市蔓延。可以说，城市蔓延的本质内涵在于城市土地（空间）扩张与城市人口扩张的关系及其变化过程。或者说，城市蔓延是城市化过程的表现形式，是关于土地城市化和人口城市化的相对关系的综合表现。

（2）城市蔓延的测度

由于概念界定的不一致，关于城市蔓延的量化和测度，学者们还没有达成共识（程玉鸿等，2016）。较为主流的测度方法有指标法、图形分析法（Jat 等，2008；郭贝贝等，2013；张琳琳等，2014）和模型法（Terando 等，2014），指标法测度最为流行（冯科等，2009）。指标法又分单指标（Ewing，1997；Miriam，2014）和多维度指标（Ewing，2002；Glaeser，2001；Galster 等，2001；蒋芳等，2007）。由于低密度被视为城市蔓延的本质特征（陈明星等，2008；冯科等，2009；程玉鸿等，2016），单指标测度往往采用人口密度（Fulton 等，2001）及其相关指标，如居民密度（Lopez 等，2002）、就业密度（Kahn 等，2000）和住宅单元密度等。此外，在单指标使用中，也用到了增长率指标，如人口增长率和建成区面积、城市化用地增量（Kolankiewicz 等，2001）。而（Miriam，2014）认为，使用人均建成区面积，可以较好地反映城市蔓延的实际情况。考虑到可操作性的现实问题，这些单指标的选择受到了国内学者在研究城市扩张和城市蔓延问题过程中的青睐（王家庭等，2010；洪世键等，2012；洪世键等，2013；王家庭等，2016）。可以说，众多城市蔓延指标中常用的有以下几类：建成区面积扩张速度（李效顺、曲福田、陈友偲等，2012）、人口密度降低情况（Fulton 等，2001）以及土地相对于人口的增长弹性提高（王家庭、张俊韬，2010；王家庭、赵丽，2013；孙哲、王家庭，2014；曹清峰、王家庭，2014；王家庭、张邓斓和赵丽，2015；王家庭、张邓斓、孙哲，2015；王家庭、张邓斓和陈天烨等，2015；王家庭、张邓斓和孙哲，2015；王家庭等，2016；王家庭、谢郁和卢星辰等，2017；王家庭、毛文峰和臧家新等，2017；王家庭、臧家新和卢星辰等，2018；王家庭和蔡思远，2018；王家庭、蔡思远和李艳旭等，2018）、考虑城市人口非均匀分布的城市蔓延指数（Fallah 等，2011；秦蒙、刘修岩和李松林，2016）以及土地和人口增长速度的差异（王佳，2017）。

（3）城市蔓延的后果

城市蔓延因其带来的后果而常被视作贬义词。对城市蔓延后果的研究主要集中在经济、社会和环境几个方面（程玉鸿等，2016）。经济方面的后果主要表现为人口密度的下降提高了单位面积公共服务支出的成本水平（Glaeser，1999；Carruthers，2008；Balta 等，2012；Klug 等，2012；张景奇等，2014；牛煜虹，2013），以及对创新和生产效率的负面影响（Fallah 等，2011；Wheeler 等，2001）。社会方面的后果包括国外研究主要关注的中心城区衰落和国内研究主要关注的高速低质城市发展（程玉鸿等，2016）。另外，国内研究也开始关注城市蔓延对旧城区发展（秦志锋，2008）和粮食安全（程玉鸿等，2016）的影响。环境方面的后果主要集中在对自然资源（Sperandelli，2013；Gao 等，2014；Beardsley 等，2009）和环境污染的影响（王家庭等，2014；Metre 等，2000）。

（4）城市蔓延的影响因素

第一，经济社会因素。经济社会因素是城市蔓延的根本动因。人口增长、城市收入水平、交通条件（通勤成本）、农地租价、出口因素、城市规模和文化因素等都会影响到城市空间的扩张和城市蔓延。

人口因素方面：众多学者承认人口因素是城市蔓延的主要影响因素（Brueckner 和 Fansler，1983）。比如，彭淑贞等（2011）借助遥感和 GIS 技术验证了人口增长对城市建成区面积的影响。张耀宇等（2016）通过对中国不同规模、不同行政级别城市用地扩张驱动机制的差异性进行分析，发现人口对城市扩张的作用随城市规模升高而递减。张帆（2012）验证了城市蔓延指数与城市规模呈现倒“U”形的关系。卓莉等（2007）探讨了城市规模对城市用地外延扩展的影响。

收入水平方面：众多学者承认收入水平是城市蔓延的又一主要影响因素（Brueckner 和 Fansler，1983）。居民收入水平的提高所造成的居民额外的住房需求，是推动城市空间增长的重要力量（洪世键等，2012）。与收入有关的新的影响因素是居民对生活品质的追求——消费水平，王家庭和谢郁（2016）借鉴卢嘉瑞（2005）的研究成果引入反映居民生活质量的消费性支出，并用城镇居民的消费性支出进行衡量。

交通条件方面：Brueckner 和 Fansler（1983）认为，通勤成本的下降会使得经济活动向外扩张的成本降低，进而助长城市蔓延。张帆（2012）验证了城市蔓延指数与城市化率和交通通达性的正相关关系。由于交通成本的降低，带来了居民在住房方面的额外需求，进而在一定程度上推动城市的空间扩张（洪世键等，2012）。汽车是促使城市蔓延的主要诱因（萨夫迪，2001），欧美国家的城市蔓延现象在一定程度上源自于汽车革命的推动作用（程玉鸿、卢婧，2016）。

农地租金或成本方面：Brueckner 和 Fansler（1983）认为，表现为单位面积产值的郊区农地租金或成本的下降会在一定程度上降低经济活动向城市外围扩展的土地成本，有可能促进城市蔓延的发生。Seto（2003）则进一步提出，相对于非农用的农用地的产出能力也是影响城市扩张和蔓延的重要因素。

文化因素方面：美国崇尚自由的个人文化是城市蔓延的影响因素之一（冯科等，2009）。

区域因素方面：王家庭和谢郁（2016）认为，东部地区城市房价对城市蔓延的影响更为明显。王家庭、臧家新（2017）通过研究得出了教育是促进城市蔓延的重要因素，而东部地区表现得更为突出。

产业发展方面：郭瑞敏等（2013）验证了非农产业 GDP 对城市建成区面积的影响。Deng X 等（2008）验证了经济结构变化对城市土地扩张的影响，得出了第三产业对城市土地扩张的影响比第二产业更加明显的结论。王家庭和谢郁（2016）将第三产业发展水平作为城市化现象的衡量指标，并认为城市化是城市蔓延的推动因素。王家庭、谢郁和卢星辰等（2017）则进一步通过实证分析验证了其三次产业的发展促进城市蔓延的观点。王家庭、臧家新（2017）通过构建数理模型分析了高等和中等教育影响城市蔓延的内在机理，并进行了实证检验，表明高等教育和中等教育显著地推动了城市蔓延。

总而言之，城市蔓延现象根本上源自于经济社会因素的作用。

第二，政府干预因素。城市蔓延的影响因素既有市场因素也有政府因素（何流等，2000；程玉鸿、卢婧，2016）。Gómez - Antonio 等（2016）认为，当蔓延获得的收益大于其成本时，地方政府倾向于提高城市蔓延的程度。另外，政府政策的低效给开发商和投机者提供了低效利用土地的机会，进而造成了城市蔓延（Mubarak，2004）。Henderson（2007）通过民主化进程对小城市发展的作用，说明了政治制度对城市化的影响。还有学者从土地利用规制的角度分析城市蔓延，认为土地规制在一定程度上造成了城市蔓延（Fischel，2001）。另外，法国规制学派认为，城市蔓延是受相关制度与政策调整影响出现的（谷凯，2002）。来自于上级的政府转移支付的比重提高与地方政府财政的宽松程度是推动城市蔓延的诱因之一（Burchfield 等，2006；DeSalvo 等，2013）。Song 和 Zenou（2006）经过实证研究认为，房产税的征收能够在一定程度上抑制城市蔓延的发生。

与西方国家相比，我国城市发展更多地体现了政府的意志（秦蒙、刘修岩和李松林，2016）。李强、杨开忠（2007）认为，我国的城市蔓延正是地方政府主导行为导致的后果。陈建华（2009）认为，中国的二元经济和二元制度分别形成了城市蔓延的内在驱动力和制度性诱因。秦蒙、刘修岩和李松林（2016）认为，政府可以通过税收、补贴、规划和基础设施建设等方面影响微观主体的区位选择和城市的空间格局。比如，政府资助掩盖了城市扩张的外部成本，干扰和扭曲了个人市场决策，在一定程度上推动了城市蔓延（冯科等，2009）。土地制度的缺陷是我国城市蔓延的主要根源之一（陈鹏，2007）。“土地财政”的增加也会显著推动城市用地扩张（张耀宇等，2016）。张耀宇等（2016）发现，“土地财政”的增加也会显著推动城市用地扩张，这种现象在较高行政级别的城市表现得更加明显。曹清峰（2014）认为，房产税的开征也会影响城市蔓延，并且与具体形式的税制和城市人口流动的状况有关。

地方政府财政是政府干预因素影响城市蔓延的重要表现。不少学者坚持认为地方政府分散化和城市蔓延密切相关；有的学者（Downs，1994；Norris，1998）认为，规划方面的不协调与不合作是主要原因；有的学者（Razin，1998）认为，税收竞争是主要原因；有的学者则认为两方面的原因兼而有之。比如Downs（1998）认为，城市蔓延包括了城市之间土地利用权力的分散化和财政能力的巨大差异两个方面。Razin等（2000）在美国和加拿大数据的分析之后，得出了地方政府分散化和城市蔓延之间的关系微弱的结论，认为不能将地方政府分散化作为解释城市蔓延的主要因素。但是，Carruthers等（2002）以美国14个州三个年度的数据为基础，通过计量模型分析发现，地方政府的多中心与当地人口密度和高财产价格有正相关关系，进而说明地方政府分散化是城市蔓延的影响因素。Byun等（2005）以溢出效应为核心，建立了地方政府分散化管理促进城市蔓延的概念框架，阐释了增长控制基于供求两侧作用于城市化和城市蔓延的作用机理。Inostroza等（2013）通过研究发现，地方政府的分散化现象对于城市蔓延的影响。李永乐等（2013）以“公地悲剧”理论为分析的起点，阐释了我国地方政府在分权体制下的行为选择对城市扩张带来的影响，证实结果表明，财政分权对城市扩张起到了正向作用，并且支出分权的作用大于收入分权。踪家峰等（2012）运用我国1998—2009年的省级面板数据验证了财政分权对城市扩张的重要影响。

地方政府竞争是政府干预因素影响城市蔓延的又一重要表现。Razin（1998）认为，税收竞争是地方政府分散化导致城市蔓延的主要原因。Downs（1998）认为，城市之间在土地利用权力方面的分散化以及财政能力的差异与城市蔓延现象密切相关。张耀宇等（2016）发现，在政府主导的城市化发展中，受发展竞争的驱动，地方政府将城市中决定用地规模的经济活动人口和享有公共物品的户籍人口割裂开来。地方政府在享有外来人口集聚带来级差地租收益的同时却不完全承担相应的公共物品成本，这种成本收益计算中的扭曲关系进而导致了城市增长中的用地过度扩张、整体社会福利水平下降的问题。洪世键等（2012）认为，城市蔓延的宏观动力在于体制转型背景下制度变迁所引起的城市增长动力机制的改变，主要体现为城市空间经济属性的凸显和地方政府沦为高度趋利的“企业型政府（Entrepreneurial Government）”（Osborne和Gaebler，1992）的现象。制度变迁在客观上促进城市发展的同时，也使得开发区、新区、大学城、软件园等新的城市空间形态不断涌现，进而导致城市蔓延、耕地流失等一系列问题。李永乐等（2013）的研究结果表明，地方政府竞争促进了城市空间的扩张。

（5）城市蔓延的形成机理

与美国比较，我国城市蔓延发生的经济社会背景、制度背景不同，形成机理和产生的后果也不尽相同。美国的城市蔓延是在完善的市场经济体制之下发生的，我国的城市蔓延是在计划经济体制向市场经济体制转型的过程中出现的；美国是在较为完善的以地方为中心的分区制（Zoning）土地利用管制制度之下发生的；我国则是在土地供给逐步走向市场化，传统土地利用规制解除、新的土地利用规制重构的过程中发生的（李强、杨开忠，2007）。对于欧美国家而言，城市蔓延发生在汽车革命之后，与其中的市场自发作用和组织过程密切相关；而在国内，城市蔓延更多的是在经济快速发展推动之下对用地空间急速需求的释放，以及对原有的集约用地模式在新的背景之下的补缺性需求显现（程玉鸿、卢婧，2016）。在西方，城市蔓延被认为是城市空间的低密度扩张现象，并伴生着一系列的环境、社会和经济问题；在中国大城市蔓延主要表现为城市空间“摊大饼”式的快速扩张，以及伴生的交通状况恶化、耕地侵占和绿带蚕食等问题（李强、杨开忠，2007）。关于城市蔓延机理认识的思想和理论，主要有自然演进、逃离衰败和土地利用财政化等三个方面，其中，土地利用财政化理论更适合中国（张清勇等，2017）。

（6）城市蔓延的治理

各个国家控制城市蔓延的动力也不尽相同。我国主要是出于保护耕地的需要，美国主要是迫于社会分化和生态环境破坏的压力，欧洲则是为了自然环境的保护（张庭伟，1999）。对城市蔓延的研究和探索已经步出理论层面，逐渐进入西方国家决策层的视野，为城市发展决策提供依据，如区域主义、城市成长管理、新城市主义、精明增长理念等（李强、杨开忠，2007；冯科等，2009）。在城市蔓延问题的应对上，我国和美国采取的措施有一定的相似性。美国在传统分区制的土地利用制度之外，进行了州际及州以下的次区域成长管理和地方性的土地利用规划之类的制度安排，并在一些州（如俄勒冈州）取得了相应的成效；我国则是在传统的城市规划之外，进行了纵向的土地利用规划，并形成了土地用途管制的制度安排，如分级审批、土地利用控制指标分解等，但效果不佳（李强、杨开忠，2007）。但是，控制城市蔓延的政策实施方向不同，美国是自下而上的，我国是自上而下的（张庭伟，1999）。总之，与美国相比，我国采取了相似的措施应对城市蔓延，但效果不同，主要原因在于城市蔓延的形成机理不同、土地管理制度变迁的方式不同。美国达尔文式的政策过程较具特色（Alterman，1997；张庭伟，1999），形成了不少较为成熟的政策主张。

2.2　房地产开发方面的研究

房地产开发方面的研究主要集中在房地产开发对经济社会的影响、房地产开发的影响因素以及房地产开发管理和调控方面。其中，房地产开发对经济发展影响方面的研究涉及房地产开发对国民经济、区域经济、部门经济、创新活动、要素价格以及产业结构等方面的影响。

2.2.1 房地产开发的经济社会影响方面的研究

房地产开发对国民经济的影响方面：可以把房地产开发投资视为房地产经济本身循环运转过程的起点，包括房地产开发投资在内的房地产经济的合理增长对国民经济的健康发展具有重要的意义，但若其增长速度过高或者过低，都会影响到国民经济的健康、稳定增长。比如，如果房地产经济存在过热发展的问题，则可能给实体经济带来相应的抽血效应（许宪春、贾海、李皎、李俊波，2015）。祝梓翔、邓翔和杜海韬（2016）也通过理论和实证发现了房地产投资对非房地产投资与居民消费都有着相应的挤出效应。

房地产开发对区域经济的影响方面：张洪、金杰和全诗凡（2014）采用1998—2010年70个大中城市面板数据实证分析了房地产投资在地域范围内的影响效果，发现大中城市的房地产投资活动之间的外溢的空间效应显著，城市的房地产投资在促进本地区经济增长的同时，也促进了其他地区的经济增长，并且东部地区的外溢效应更为明显。张屹山、孟宪春和李天宇（2018）的研究进一步证实了房地产投资在经济空间上的溢出效应，并验证了地理空间上的挤出效应。

房地产开发对部门经济的影响方面：非房地产投资对房地产投资具有促进作用（胡金星，2016；张延群，2016），房地产投资对非房地产投资又具有明显的挤出效应（张延群，2016）。李畅、谢家智和吴超（2013）基于我国1999—2011年省级面板数据，实证检验了房地产投资促进了制造业发展，但其促进效应整体上呈现为倒“U”形，并且趋于其临界值，在地区和产业层面也有明显的差异。罗知和张川川（2015）的研究发现，房地产投资增加造成了制造业部门的资源配置效率的显著下降，其中的一个原因在于前者对后者的挤出效应。范言慧、席丹和殷琳（2013）经过理论和实证分析认为，房地产开发对劳动密集型和资本密集型产业的出口有着显著的负面影响。孙煜、孙军和陈柳（2018）的研究进一步表明，2008年金融危机后房地产开发对其他部门具有愈加明显的“挤出效应”。

房地产开发对创新活动的影响方面：张杰、杨连星和新夫（2016）对中国情景之下房地产投资对地区创新的直接效应和房地产投资通过金融体系结构性因素作用于地区创新的间接效应进行了验证。邓博文（2014）利用我国上市公司2007—2011年的面板数据进行实证分析得出了工业企业进行房地产开发投资不管是在短期还是长期都对企业创新不利的结论。

房地产开发对要素价格及产业结构升级的影响方面：刘焕鹏、徐炜、董利红（2018）采用2003—2013年265个地级及以上城市面板数据实证检验了房地产开发投资对劳动力成本推升具有显著的正向效应，对劳动力成本的上升具有较大的贡献率。孙煜、孙军和陈柳（2018）的研究表明，分税制改革后，“土地财政”实施初期阶段，房地产开发推动了产业间的互动升级。

另外，学者们也研究了房地产开发带来的社会影响。比如，张英佳、李雪铭和夏春光（2014）认为，科学、适度的房地产开发有利于提供适宜的人居环境，但过度进行房地产开发不利于人居环境的质量提升。他们从房地产开发和人居环境耦合发展的视角，建立中国城市的房地产开发和人居环境耦合状况评价的指标体系，并基于耦合协调度和发展度模型，对中国地级市房地产开发和人居环境进行分析发现：中国地级市房地产开发和人居环境的整体协调程度尚处在磨合的阶段，虽然没有到协调的水平，但其相互作用和影响力还是比较强的，耦合协调度最高的是南京市；而房地产开发和人居环境的整体发展度还处在较低的水平，分布也极不均衡，耦合发展度最高的是深圳市。

2.2.2　房地产开发的影响因素与管理调控方面的研究

在房地产开发影响因素方面，不少研究验证了我国房地产开发规模扩张的特殊因素。雷根强和钱日帆（2014）运用2003—2008年中国4个直辖市和270个地级市面板数据验证了地方政府财力对于土地出让的依赖程度对于房地产开发投资有着显著的正向的影响。李菁和徐英杰（2019）采用1997—2015年省级面板数据验证了交通方面的基础设施对于房地产开发投资的空间分布方面的显著影响。而改革开放以来，特别是自20世纪90年代以来，我国的基础设施建设确实取得了显著的成就，这与地方政府致力于招商引资的竞争现象密切相关（张军、高远和傅勇，2007）。相应地，房地产开发管理和调控方面的研究也重点分析了地方政府行为作为。比如，苏英、赵晓冬和周高仪（2013）基于政策执行的视角，运用了博弈模型的分析工具，探讨了地方政府在房地产管理和调控的过程中显现的行为动机，认为房地产市场给地区经济造成的负面影响、给地方带来的税收贡献、调控政策的执行成本以及超额利润的干预力度等都是影响房地产开发管理和调控的政策效果不佳的主要因素。

2.3 房地产开发影响城市扩张方面的研究

城市扩张涉及城市规模扩张和城市蔓延两个方面（杨孟禹、张可云，2016）。城市扩张及其涉及的城市规模扩张和城市蔓延都是城市化现象。与城市人口规模扩张和土地规模扩张对应的人口城市化和土地城市化是城市化的重要核心和载体，因而可以在整体上涵盖城市化的基本内涵（朱高立、王雪琪、李发志和邹伟，2018）。朱高立、王雪琪、李发志和邹伟等（2018）认为，在经济社会因素推动城市规模扩张和城市蔓延的过程中，房地产开发活动是其中的重要节点之一。因而，房地产开发影响城市扩张方面的研究涉及城市规模扩张和城市蔓延两个方面，并与人口城市化和土地城市化密切相关。

2.3.1 房地产开发影响城市规模扩张方面的研究

房地产开发影响城市规模扩张方面的研究主要集中在两个方面：一是

房地产开发投资对城市规模扩张的影响；二是房价对城市规模扩张的影响。

在房地产开发投资对城市规模扩张的影响方面，不少学者研究了房地产开发投资在提高城市活力（朱高立、王雪琪、李发志和邹伟，2018）、促进城市经济增长（Green，1997；Ghent，2010；杨继波和孔令丞，2013；许宪春、贾海、李皎和李俊波，2015；朱高立、王雪琪、李发志和邹伟，2018；张屹山、孟宪春和李天宇，2018）以及推进城市化（熊华平、张丽霞和陈凤丽，2013）等方面的积极影响和作用。也有一些学者进一步研究了房地产开发投资对城市土地规模扩张的影响，比如，林永民和吕萍（2017）采用2003—2014年我国的省级面板数据，检验了城市范围内地区GDP中的住宅投资比重对城市土地规模扩张的影响及其表现出来的区域差异。还有一些学者进一步研究了房地产开发投资对城市土地规模扩张和人口规模扩张协调度的影响，比如，朱高立、王雪琪、李发志和邹伟（2018）采用2004—2015年我国的省级面板数据，发现了房地产开发投资对城市土地规模扩张和人口规模扩张协调度的促进作用。也有一些学者通过研究发现了房地产开发投资阻碍我国城市创新活动的现象（邓博文，2014；张杰、杨连星和新夫，2016）。

在房价对城市规模扩张的影响方面，学者们多关注房价作为人口城市化的主要成本因素的方面，并认为高房价对人口城市化有一定的抑制作用。李永乐等（2014）建立房价与城镇化之间关系的逻辑分析框架，探讨不同类型房价对城镇化的作用机理，利用2001—2012年中国省级面板数据进行了实证分析，得出了总体上住房价格提高不利于城市人口规模扩张的结论。孔艳芳（2015）的研究发现，快速上涨的房价与居民在消费能力上的不足是造成我国人口城市化滞后的关键因素，并通过实证检验了房价与我国人口城市化缺口的正相关关系。彭代彦等（2017）进一步采用省级空间面板数据，研究了我国城市化滞后状况空间分布的特征及其在房价上涨视角的原因，发现房价上涨对本省人口城市化滞后具有显著的正向影响，并且在影响人口城市化滞后方面，住宅价格和工业用房价格的作用显著，且住宅价格的影响更为突出。谭锐（2013）通过关于住房投资需求与城市规模的空间均衡模型，解释了在中国大中城市房价上涨伴随着城市规模持续扩张的事实，在一定程度上解释了房价对城市规模扩张的影响。另外，邬思怡、张协奎和张练（2017）通过研究发现了房价波动对城市土地规模扩张的持续正向影响、对城市人口规模扩张的非线性影响以及不同水平房价收入比地区房价波动影响城市人口规模扩张的差异性表现。

2.3.2 房地产开发影响城市蔓延方面的研究

城市蔓延是在经济社会因素汇集而成的市场力量的作用之下自发发展的结果，政府政策起到了推波助澜的作用（Richmond，1995；张庭伟，1999）。用新古典经济学框架解释城市蔓延的代表性人物 Brueckner（1983）通过单中心城市模型解释城市蔓延，并进一步发现：城市居民或开发企业和农民或农地使用者之间的竞争决定了城市空间的大小，因而决定了城市蔓延的程度（Brueckner，2000）。同时认为，包括人口因素、城市居民收入水平和交通技术水平等在内的市场因素，与市场失灵一起推动了城市蔓延。Harvey 和 Clark（1965）认为，房地产开发企业对住房需求的回应和满足是城市蔓延的重要影响因素。然而，学者们对于房价影响城市蔓延的观点较为一致，承认房价对城市蔓延的促进作用，但是在实证结果上有不一致的意见。Brueckner（2009）认为，高房价促进城市蔓延。王家庭和谢郁（2016）认为，城市房价特别是商品住宅与商业营业用房的价格上涨推动了城市蔓延，并使用 2009—2013 年我国 35 个大中城市数据进行了实证检验。但是，王家庭、臧家新（2017）使用 2010—2014 年我国 35 个大中城市数据实证得出了房价上涨对城市蔓延具有抑制作用的结论。Song 和 Zenou（2006）经过实证研究认为，房地产税能够抑制城市蔓延。曹清峰（2014）则认为，因具体税制和人口流动的状况不同，房产税影响城市蔓延的情形也有所差异。从需求侧角度讲，对新区的房地产开发需求促进了城市蔓延；从供给侧角度讲，政府吸引开发项目也是其中的一个原因（冯科等，2009）。外围地区房地产的发展不同程度地导致了广州的城市蔓延，应严格控制外围郊区大型房地产的发展（苏建忠等，2005）。城市扩张、特别是城市的低密度扩张与城市土地开发密切相关（刘修岩、李松林和秦蒙，2016）。另外，土地利用的外部性与城市蔓延密切相关。在土地利用过程中，外部性导致的社会成本和个人成本的不一致，导致了过度的城市空间增长，即城市蔓延（洪世键等，2012）。

2.4 房地产开发规制方面的研究

2.4.1 房地产开发规制理论方面的研究

政府规制和宏观调控关系密切。就政府规制和宏观调控的历史而言，政府规制是早于宏观调控的。政府规制发端于市场经济，而宏观调控出现在20世纪30年代的大萧条之后。由于宏观调控在改善和缓解市场经济的内在矛盾和冲突方面的失败，致力于政府规制研究的规制经济学受到了学界的特别重视（张红凤、杨慧，2011）。规制的广义含义主要是指政府对于经济的干预与控制，规制的狭义含义是指行政机构制定一些规则或者采取一些行动，以针对市场的资源配置过程和效果进行直接的干预，或者针对企业或消费者的供给或需求的决策进行间接的调节（魏成龙等，2016）。但是，在规制经济学的领域涉及政府规制是一个狭义的概念。可以说，政府规制主要针对的是微观市场的失灵干预或者对长期的、持久的经济绩效的追求，区别于主要针对追求短期的经济绩效和调节短期经济总量的失衡现象的宏观调控，但与宏观调控一同构成了政府调节市场的体系整体（张红凤、杨慧，2011）。规制经济学中的利益集团理论和社会性规制理论与房地产开发规制密切相关。

（1）规制经济学中的利益集团理论

生产者和消费者是政府规制过程中两个主要的利益集团，而生产者的利益往往得到更多的保护（周学荣，2010）。斯蒂格勒（Stigler，1971）指出，政府规制提供了一个特殊的平台，在这里以生产者为代表的利益集团致力于追求自身的利益，并尽力寻求政府部门的保护，政府部门也对利益集团进行偏袒。可见，生产者集团的利益保护是市场失灵之外政府规制的又一原因所在。之后，佩尔兹曼（Peltzman，1976）和贝克尔（Becker，1982、1983）等在斯蒂格勒研究的基础上进一步论证了利益集团理论。贝克尔（Becker，1982）对利益集团的竞争更加关注，建立了关于利益集团竞争的模型，佩尔兹曼（Peltzman，1976）则进一步阐释了利益集团通过政治支持"俘获"规制者的政府俘虏理论。

在利益集团理论框架之下，存在着多元利益相关者之间的冲突以及整合，在规制者（政府）、消费者与生产者（利益集团）之间形成的利益均衡，经常是在信息不对称的情况下因"分散的多数"（即消费者）表达能力的欠缺或软弱而使规制者（政府）倾向于"集中的少数"（即生产者或利益集团）的利益（周学荣，2010），从而偏离了政府规制经济学中政府规制对社会公共利益保护的初衷。

房地产市场上存在着明显的信息不对称现象。在房地产企业、政府和消费之间的利益均衡过程中，购房者表达能力的欠缺和软弱（杨帆、卢周来，2010），往往使规制者（政府）倾向于房地产生产者（房地产企业）的利益，从而偏离了对社会公共利益保护的初衷。另外，我国的房地产规制者（政府）中的中央政府和地方政府在规制过程中还表现出相应的特殊性：中央政府的房地产规制与国家宏观调控交叉进行、难以兼顾，其房地产规制行为有待改善；地方政府在一定程度上既是规制主体又是规制客体，从而带来了房地产规制行为失范的隐患。

（2）规制经济学中的社会性规制理论

西方社会因社会问题的不断出现使得政府规制中的经济性规制发生了向社会性规制的转变和调整。这种变化使得规制经济学在发展和演变的过程中，市场失灵和政府规制的范围不断地向一系列的社会问题扩展，规制经济学的研究框架也由"政府与市场"的研究框架逐渐向"政府、市场与社会"的研究框架（张红凤、杨慧，2007）转变。与此同时，社会公共利益保护的初衷也逐渐突出和得以回归（社会公共利益保护的初衷集中体现于公共利益规制理论这一传统的规制经济理论之中)，在此基础上的社会性规制理论得以长足发展并成为规制经济学晚近发展的一条主线。社会性规制理论主要关注由于外部性和信息不对称性引致的市场失灵以及政府横向制约机制研究的治理思路，只是社会性规制的政策效果需要在经济性和社会性两个方面加以评价（张红凤、杨慧，2011)。

政府规制的历史是不断转换政府行为重点和焦点的动态过程（周学荣，2010)。比如，西方社会因社会问题的不断出现由经济性规制向社会性规制的转变和调整。许多国家的宪法将住房保障作为公民的一项基本人权。不少国家虽然没有以宪法的形式规定住房权利，但中低收入群体的住房问题深受政府重视，往往作为政府部门立法和施政的重要目标。我国中低收入人群的住房诉求应该进一步在制度层面上加以重视（凌维慈，2013)。

另外，加强社会性规制是肯定的，但放松经济性管制则应有所取舍(周学荣，2010)。针对我国的房地产规制而言，由于房地产经济发展的时间还不长，构建房地产市场的前提条件、房地产市场本身的发育程度、房地产市场机制的建立等方面还不够成熟和健全，与房地产市场经济配套的环境，比如在民众的房地产市场意识、房地产市场文化、房地产市场制度、房地产市场的法律保障、房地产市场规则等没有完全建立和完善的情况下，就盲目地追求世界潮流，放松政府对房地产经济的管制是很危险的。对于房地产的社会性管制，我们应该紧紧地跟上，避免走西方国家(如日本、美国）先危机后治理的老路。

2.4.2 房地产开发规制实践方面的研究

在政府规制的过程中，规制机构或立法者本身也有追求自身利益最大化的可能，从而为利益集团提供了俘获规制机构或立法者，使其针对自己提供有利规制的机会，进一步导致政府规制的失灵现象产生（周学荣，2010)。也有一些学者对我国房地产开发中的利益集团或政府“俘虏”现象做了研究(赵曙光，2005；杨帆、卢周来，2010；张振华，2011；邹力平、杨帆，

2014）。从2005年“两会”期间房地产宏观调控的新闻报道差异中反映出的新闻媒体被“俘虏”的现象（赵曙光，2005）、地方政府因追求财政收入最大化而被房地产利益集团的“捐税”行为所“俘虏”的现象（杨帆、卢周来，2010）、房地产市场中地方政府与开发商结成联盟并牺牲消费者弱势群体利益谋求城市经济发展（张振华，2011），到房地产利益集团中三大利益主体（房地产开发商、商业银行及相关金融机构、各类媒体）的关注和治理（邹力平、杨帆，2014），无不说明了我国房地产开发规制中政府规制失灵现象的存在。

2.5 房地产开发与城市扩张研究状况的总结与评述

通过前文对城市扩张、房地产开发、房地产开发影响城市扩张以及房地产开发规制等几个方面研究状况的梳理和总结，一方面可以发现我国房地产开发影响城市扩张的几个重要线索，以及我国房地产开发规制的特殊性对城市扩张的重要影响；另一方面可以进一步认识房地产开发影响城市扩张相关研究的主要特征与研究不足。

2.5.1 我国房地产开发影响城市扩张的几个重要线索

（1）地方政府公司化

政府主导是我国经济发展过程中的一个特殊之处，地方政府的城市经营做法和现象十分突出（赵燕菁、吴伟科，2007）。地方政府的公司化特征使其由经济“规制者”转化为市场“代理人”（Wu F，2015）。地方政府“公司化”的“经营”行为模式是理解我国工业化和城市化的关键（周飞舟等，2018）。

20世纪80年代以来，财政体制方面的一系列改革给地方政府提供了追求自身利益的可能空间（黄新华，2011）。地方政府公司化是指地方政府重点追求地方的经济增长或财政收入，在管理本地经济的过程中，表现出运营公司的特征的现象（杨公齐，2008；黄新华，2011；叶盛楠，

2011；杨剑、夏露露，2017）。比如，地方政府低价出让工业用地的逻辑（陶然，2009；张五常，2009）在于：地方政府的公司化运作模式下，为了获取更多的税收分成（吕冰洋、聂辉华，2014），先以低价出让工业用地，后期再通过增值税分享最大化土地经营收益。张五常（2009）的“县域竞争假说”解释了县级政府如何利用廉价土地进行激烈竞争，进而获取高速经济增长的现象。

（2）房地产金融化

房地产金融化包括住房金融化和土地金融化两个方面。由于对住房属性认识的不足，导致住房市场发展的不完善，进而在一定程度上引致住房金融化。在住房金融化的基础上，进一步产生了土地金融化，从而导致了最终的房地产金融化。

金融化是伴随货币化、货币资本化（Capital Switching）和资本虚拟化而产生的一种经济现象（陈享光、黄泽清，2017）。中国的住房金融化始于住房的商品化（Housing Commodification）认识，特别是 1998 年的住房制度货币化改革（Wu F，2015）。但是，长期以来，关于住房商品化的认识是不完整的，存在着对住房消费品属性的逐渐淡化和投资品属性的逐渐强化，以及住房市场的投资投机化发展。特别是，金融化的本质是“金融与经济的关系问题”（刘锡良、文书洋，2018）。随着住房商品化认识的建立和演化，尤其是金融化的影响和推动，住房逐渐超越和偏离其消费品的商品性质，而越来越凸显其投资品的商品属性，进而成为一种资产甚至被用来投机的资本（陈享光、黄泽清，2017）。住房通过区位附着了众多有形、无形的公共服务和社会资源（郑思齐、廖俊平、任荣荣等，2011），资本化的住房更是附带着复杂的社会关系。为了换取潜在购买者对于住房相关的公共服务和社会资源以及社会关系的出价，住房投机者通过相应的凭证积累实现住房资本的虚拟化，并在金融化背景下进一步深化（陈享光、黄泽清，2017）。

在我国城市，土地的货币化主要是土地使用权的货币化、资本化和土地资本虚拟化。土地的货币化是指政府作为土地的所有者通过出让土地使用权而取得出让金的行为和过程。土地的资本化主要是指城市化过程中城市建设用地使用权成为企业的资本、并用于生产和增值而完成的资本化过程（张海鹏、逄锦聚，2016）。土地的资本虚拟化主要是通过房地产企业（事实上的）购入土地使用权但并非直接进行房地产开发过程中由于未来价值实现凭证的积累而实现的（陈享光、黄泽清，2017）。通过借助土地使用权抵押物获得银行的信贷，土地资本化过程带来了土地资本与金融资本的有机结合，并借助着金融化资本的自我扩张、自我循环机制实现进而深化土地金融化现象。我国的地方债务现象就是土地金融化的现实反映。

不可否认，我国在住房市场化和土地市场化改革方面取得的成就是显著的。但是，对住房商品属性认识的不清晰、不准确，造成了房地产管理政策的不稳定，长期以来忽视了住房满足居民居住需要的消费品基本属性，进而导致了比较严重的住房资本化现象（杨善奇，2018）。2010 年后，“土地财政”现象引起了众多学者的注意（丰雷、藏波、张清勇等，2017）。赵燕菁（2014）认为，“土地财政”的本质特征在于融资，强调了“土地财政”的土地金融化本质，从我国城市化推进的整体战略上考察有利于城市化融资，有一定的合理性。

（3）土地利用财政化

土地利用财政化是地方政府为了增加自身收入而制定有关土地利用方面的管制政策的一种行为（Misczynski，1986；张清勇等，2017），反映了地方公共财政对当地土地利用决策的影响（Wassmer，2002），也是社区根据税收净收益确定土地利用方式的一种倾向（Kotin、Peiser，1997）。因而，可支配收入是土地利用决策中最重要的影响因素（Wassmer，2002），许多城市竞相争取能够带来最大税收收入的建设项目（Hansen，2014）。2010 年后，土地财政现象引起了众多学者的注意（丰雷、藏波、张清勇等，2017）。因此，从促进城市化进程的具体机制机理方面认识，则将土地财政视作土地利用的财政化更为恰当。房地产市场因住房和土地的金融化将房地产开发（生产）置于城市化（发展）资本积累的核心位置（Lin，2009；Wu F，2015），从而使得房地产开发在我国的城市发展中占据着核心的位置（Wu F，2015）。因为，基于资本积累的视角，商品化的住房可以使地方政府通过商住类土地的出让获得可观的收益，也可以使个人通过房地产升值抵御通货膨胀带来的风险。因此，与福利国家住房干预政策源于收入再分配的目标不同，我国以住房为主的房地产调控多与投资刺激和金融风险密切相关（Wu F，2015）。

2.5.2　房地产开发影响城市扩张相关研究的主要特征与不足

如前所述，房地产开发影响城市扩张的相关研究涉及城市扩张、房地产开发、房地产开发影响城市扩张以及房地产开发规制等几个方面。通过这些方面相关研究的梳理和分析，不仅可以发现房地产开发影响城市扩张问题认识的重要线索，认识到我国房地产开发规制的特殊性对城市扩张具有的重要影响，而且也可以发现相关研究的一些主要特征与不足之处。这些主要特征与不足之处主要表现为以下几个方面：

其一，在研究内容方面，现有研究散见于城市扩张、房地产开发、房地产开发影响城市扩张以及房地产开发规制等几个方面，缺乏房地产开发影响城市扩张的特殊背景的系统总结，也缺乏房地产开发影响城市规模扩张以及扩张失衡的系统的理论分析。尤其是，现有研究中关于城市扩张多角度内涵界定较为充分的情况下，需要区分城市扩张的具体内涵维度，并构建适宜的理论框架，进一步研究房地产开发对城市扩张的具体影响。另外，在房地产开发影响城市扩张的机理探索方面有待进一步深化。

其二，在研究维度方面，现有关于房地产开发对城市扩张的影响的相关研究，在时间维度上有待进一步深化。虽然现有研究关于房地产开发影响城市扩张的现象已经形成一定的共识并承认其影响的存在性，但是，关于房地产开发影响城市扩张现象在时间维度上的进一步细化研究有待展开。比如，这种影响的长期效应和短期效应值得继续探究。

其三，在研究方法方面，虽然现有关于房地产开发对城市扩张的影响的相关研究，广泛采用了数理经济和计量经济方面的经典分析方法，但是综合考虑城市扩张自身以及房地产开发滞后影响的面板自回归滞后模型的针对性应用比较少，重在探索重要影响因素间接效应的中介效应模型的针对性应用也比较少。

其四，在研究结论方面，现有研究关于房地产开发影响城市扩张的长短期效应和影响机理有待进一步丰富和补充。一些重要影响因素的具体作用的研究也有待细化。比如，在房地产开发影响城市扩张的过程中，一些关键因素起到了间接传递的中介效应作用或者部分覆盖的遮蔽效应作用，其具体作用形态有必要展开进一步的研究判断。

2.6 本章小结

房地产开发影响城市扩张的相关研究主要涉及城市扩张、房地产开发、房地产开发影响城市扩张以及房地产开发规制等几个方面。因此，本书相关研究的文献综述主要从这几个方面展开。通过对城市扩张、房地产开发、房地产开发影响城市扩张以及房地产开发规制等几个方面研究状况的梳理和总结，一方面发现了地方政府公司化、房地产金融化和土地利用财政化几个我国房地产开发影响城市扩张的重要线索；另一方面进一步认识到房地产开发影响城市扩张在研究内容、研究维度、研究方法以及研究结论等方面的主要特征与不足。

第 3 章

房地产开发影响城市扩张的理论分析

本章的主旨在于，从理论上探讨房地产开发对城市扩张的影响。通过理论分析，试图说明在特殊的背景之下我国房地产开发不仅促进了城市土地扩张而且促进了城市土地扩张和城市人口扩张失衡的现象，以及我国房地产开发通过产业结构偏向和公共支出偏向影响城市扩张失衡的主要机理。首先，对我国房地产开发影响城市扩张的特殊背景进行了总结。其次，建立房地产开发、城市土地扩张与经济增长关系模型，进行房地产开发影响城市土地扩张的理论分析，证明房地产开发对城市土地扩张影响的存在性。然后，在地方政府和房地产企业利益联盟认识的基础上，对地方政府的城市化过程决策模型加以拓展，进行特殊背景之下我国房地产开发影响城市扩张失衡的理论分析。接着，进行特殊背景之下我国房地产开发影响城市扩张失衡的主要机理的理论分析，认为在地方政府的竞争过程之中房地产开发通过产业结构偏向和公共支出偏向影响城市扩张失衡。最后，就我国房地产开发规制的特殊性及其对城市扩张的重要影响加以分析。

我国房地产开发规制的特殊性对城市扩张具有重要影响。我国房地产开发规制具有规制主体与客体相混淆、房地产开发规制与国家宏观调控交叉进行以及房地产开发规制目的不明确、不稳定等主要特点，一方面造成了产业结构偏向第二产业的状况，另一方面带来了公共财政支出中基础设施建设挤占公共服务的偏向，在消耗了大量的城市建设用地、促进土地城市化大力推进的同时，却阻碍了农业人口向城市的转移、阻碍了人口城市化进程，从而造成了土地城市化超前于人口城市化的城市扩张失衡。因此，本部分基于特殊的背景条件关于房地产开发影响城市扩张的理论分析有助于在房地产开发规制方向上寻求城市扩张问题的施治方向。可以说，在房地产开发规制方向上寻求城市扩张问题的施治方向，不仅要基于特殊的背景条件研究房地产开发对城市扩张的影响，而且要重视我国房地产开发规制的特殊性对城市扩张的重要影响，在房地产开发规制的相关主体与客体行为调整和规范上寻求思路。

3.1 房地产开发影响城市扩张的理论分析框架

如前所述，学者们关注到的城市规模扩张和城市蔓延的影响因素众多，既有市场方面的因素也有政府方面的因素（何流等，2000；程玉鸿、卢婧，2016），可以划分为自然进化（Natural Evolution）、逃离衰败（Flight From Blight）和土地利用财政化（the Fiscalization of Land Use）三个类型（Wassmer R W，2005）。其中，房地产开发是影响城市扩张和城市蔓延的众多因素中的一个方面（Harvey 和 Clark，1965；Brueckner，2000；苏建忠等，2005；冯科等，2009；洪世键等，2012；王家庭、臧家新，2017）。我国的城市化过程较多地受到政府的影响和作用（李强、杨开忠，2007；冯科等，2009；曹清峰，2014；秦蒙、刘修岩和李松林，2016；张耀宇等，2016），地方政府行为与城市扩张现象密切相关（Razin，1998；Downs，1998；踪家峰等，2012；李永乐等，2013），我国的地方政府竞争和“土地财政”在一定程度上造成了城市扩张失衡（周晓唯等，2010；秦蒙、刘修岩、李松林，2016；邵朝对等，2016；张耀宇等；2016）。值得注意的是，我国城市化过程中城市土地扩张与人口扩张失衡的现象（熊柴等，2012；蔡继明等，2013；师嘉林，2014；江曼琦等，2015；谢冬水，2016；陆铭，2016；王佳，2017；张清勇等，2017）与国民经济在部分地区存在过分依赖房地产业的现象（辜胜阻等，2013；吕冰洋等，2014；荣昭等，2014；住宅市场健康指标课题组，2015）并存。因此，有必要研究我国房地产开发和城市扩张的特殊背景、房地产开发对城市土地扩张的影响以及房地产开发对城市土地扩张与人口扩张失衡的影响，并揭示房地产开发影响城市土地扩张与人口扩张失衡的主要机理。

3.1.1 我国房地产开发影响城市扩张的特殊背景

地方政府公司化、房地产金融化和土地利用财政化是我国房地产开发影响城市扩张的主要背景。如前所述，在我国城市化发展过程中存在着地方政府公司化、房地产金融化和土地利用财政化并存的现象。并且，地方政府公司化、房地产金融化和土地利用财政化相互影响、相互交织（详见图 3－1），为城市化提供了融通资金的重要作用（周飞舟，2012；赵燕菁，2014），共同支撑着城市化过程的进行。在这个过程中，地方政府和房地产企业形成了利益联盟（杨帆、卢周来，2010；张振华，2011；吴启焰、曾文，2011）。

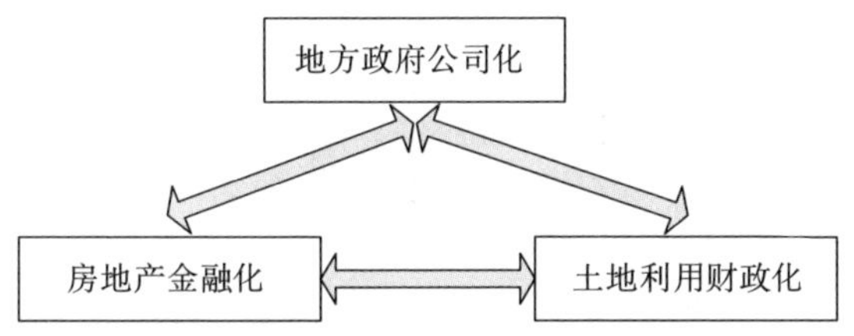

图 3－1　我国房地产开发影响城市扩张的特殊背景

3.1.2　房地产开发对城市土地扩张的影响

房地产开发和城市土地扩张都是经济增长过程中的伴生现象。房地产需求是人们在住房方面的生存需求、发展需求和享受需求以及社会生产带来的相应需求，是社会发展和经济增长带来的一种衍生性需求（胡金星，2016）。从投资与经济增长的关系角度讲，政府投资于基础设施、企业投资于实体经济，创造就业机会、吸引人口集聚，进而带来房地产需求和房地产开发。在这样的逻辑之下，房地产开发是经济增长的结果。然而，在我国特有的经济增长背景之下，很长一段时间，房地产业因其明显的产业关联性担负了带动经济增长的重任，并一度被确认为国民经济的支柱产业。因此，在一定程度上，房地产开发促进了经济增长。特别是，在地方政府公司化、房地产金融化和土地利用财政化背景之下，房地产开发对经济增长的影响作用得到了加强和放大。另外，在经济发展的过程中，经济增长对土地资源投入的依赖程度有着规律性的变化特征。李效顺、曲福田和陈友偲等（2012）的研究发现，经济发展与城市建成区面积存在着 Logistic 曲线特征的关系，伴随着经济的增长，城市土地扩张现象有先恶化后趋缓的特征。综合考虑房地产开发对经济增长的影响以及经济增长和城市土地扩张的关系规律，可以看到一条清晰的房地产开发影响城市土地扩张的逻辑线索（详见图 3 -2 中的阴影部分）。总之，房地产开发、城市土地扩张和经济增长之间存在着两两相互影响的复杂关系，由于我国经济社会的特殊背景，使得房地产开发在一定程度上造成了城市土地扩张的问题（苏建忠等，2005；冯科等，2009；洪世键等，2012；王家庭、臧家新，2017）。

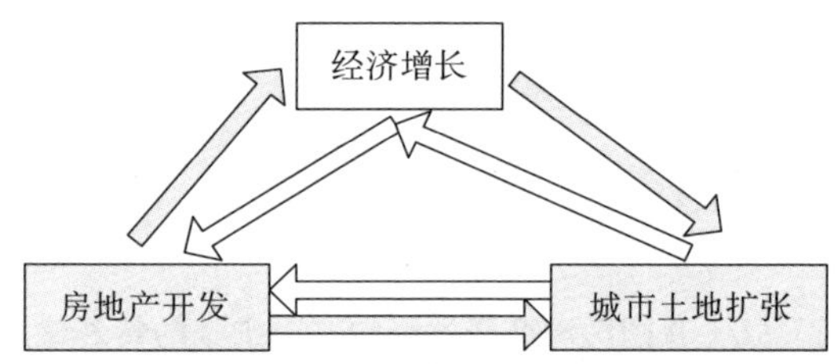

图 3 -2　我国房地产开发影响城市土地扩张的逻辑图

3.1.3　房地产开发对城市土地扩张与人口扩张失衡的影响

地方政府公司化、房地产金融化和土地利用财政化，是我国房地产开发和城市扩张过程中的三个特殊现象，是我国房地产开发影响城市土地扩张与人口扩张失衡的重要影响因素（详见图 3 -3）。由于在住房属性认识上的偏差，人们长期忽视住房基本消费品的属性，过度强调住房投资品属性，致使住房市场产生缺陷，进一步引致包括住房金融化和土地金融化在内的房地产金融化。地方政府和房地产企业的利益联盟（杨帆、卢周来，2010；张振华，2011；吴启焰、曾文，2011）使得房地产金融化与地方政府公司化一起促进了土地利用财政化现象的发生。在土地利用财政化现象背景下，地方政府为了增加 GDP 和财政收入，展开了激烈的以招商引资为主要形式的竞争（Li 和 Zhou，2005；周黎安，2007、2017；陶然，2009、2010；朱英明等，2010；范剑勇等，2010；刘守英等，2012；吕冰洋等，2014），带来了产业结构向第二产业的偏向以及公共支出向基础设施投资的偏向，并伴生着住房价格的上涨，从而在促进城市土地扩张的同时抑制了城市人口扩张，带来了城市扩张失衡。这就是房地产开发影响城市扩张失衡的主要逻辑。

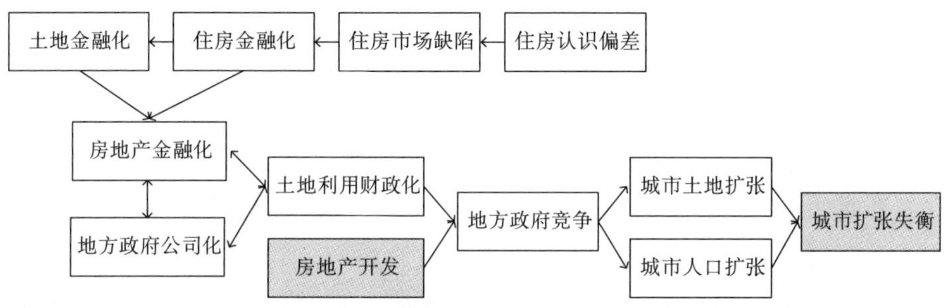

图 3－3　房地产开发影响城市扩张失衡的逻辑图

3.2　我国房地产开发影响城市扩张特殊背景的理论分析

3.2.1　地方政府公司化

地方政府公司化有着一定的理论渊源。如前所述，地方政府公司化是指地方政府重点追求地方的经济增长或财政收入，在管理本地经济的过程中，表现出运营公司的特征现象（杨公齐，2008；黄新华，2011；叶盛楠，2011；杨剑、夏露露，2017）。地方政府公司化的理论研究是由 Oi（1992）最早进行的，他提出的地方法团主义（Local State Corporatism）理论认为，地方政府在其管辖范围内协调众多经济事务，其行事方式犹如一个业务多样化的公司。同时指出，在中国，虽然中央政府启动了改革的过程，并赋予地方政府发展经济的激励和空间，但是，地方政府以及地方政府公司化才是改革成果的最终决定者。其后，政府即厂商理论（Walder，

1995）和企业型政府理论（Marc Blecher 与 Vivienne Shue，1996）等进一步强调了地方政府追求地区经济利益的主要做法和公司化行为本质。可以说，地方政府公司化是对地方法团主义、政府即厂商和企业型政府等概念在本土化意义上的延伸（刘志彪，2018）。

财税体制改革是地方政府公司化的重要背景。财政包干制的实施改变了地方政府的收入处置方式，为地方官员推动经济发展尤其是工业的发展提供了重要激励（Oi，1992）。财政包干制改革之后，并不是所有的地方收入都要参与地方和中央的收入分成。根据税收分成约定的、源自于私营企业、划归地方政府所有的税收成为地方政府有利可图的重要收入来源。另外，预算外收入权利的扩大也极大地激励了地方政府发展经济的热情。从此以后，在中国，基于特定的财税体制背景关注政府行为成为解释经济社会现象的重要视角（杨帆、卢周来，2010）。

分税制背景下地方政府的公司化倾向尤为明显。实行财政包干的体制使得地方政府在财政收入和经济增长方面成了一个较为独立的追求自身利益的主体，进而使得地方政府站在了追求地方财政收入和经济增长的出发点上（Oi，1992；韩琪，2011）。分税制的实施则进一步使得地方政府在自主支配财力方面拥有了相应的独立性，从而强化了地方政府在追求地方经济增长进而追求财政收入方面的动机（韩琪，2011）。随着财税体制背景的变化，地方政府公司化也由“经营企业”转变为“经营城市”（陶勇，2011）。地方政府公司化使得地方政府热衷于经济增长和当前利益，进而产生了“羊群效应”，并且，其“羊群效应”在地方政府的过度竞争中不断加剧，带来了削弱地方政府公共职能、公共资源严重浪费、干扰市场正常秩序、阻碍中央政策执行、导致地方无序竞争、降低政府政策公信力等一系列危害（杨剑、夏露露，2017）。

地方政府的公司化在一定程度上导致城市土地扩张及其与人口扩张的失衡。城市空间资源是地方政府公司化运作的空间载体（张京祥、吴缚龙和马润潮，2008），在地方政府主导城市空间发展和演化的过程中，因其短期行为和经济冲动而导致与城市空间发展相关的问题就不足为奇了。事实上，政府公司化有两个基本的特征：一个是在短期内利用权力资源（如土地转让、税收等）追求经济利益最大化（邹明妍、周铁军，2017），另一个是把经济利益追求作为主要价值取向（许光华、解羽佳，2001）。地方政府公司化在推动城市空间大规模扩张的同时，带来了城市空间的企业化现象，造成空间同质化、增加消极空间、空间失衡、公共空间私有化、社会排斥明显等问题（邹明妍、周铁军，2017），在城市内部形成了不和谐因素。另外，由于经济利益为主的价值导向和短期行为，地方政府公司化给农业转移人口城市化设置了障碍（晁恒、李贵才和林雄斌，2014），造成了半城市化现象。注意到地方政府的公司化现象，就不难理解在城市化过程中出现的土地扩张与人口扩张不同步现象，即土地城市化与人口城市化不协调的现象。因此，地方政府公司化是关注城市扩张与城市扩张失衡现象以及失衡现象产生机理的重要线索和背景。

3.2.2　房地产金融化

就其本质而言，金融化重在强调金融和经济之间的关系问题。刘锡良和文书洋（2018）指出，我国当前存在着金融化过度的现象，并以结构性的金融化为主要表现，包括房地产在内的一些行业占经济体总量的比重较小，却获得了巨额的金融支持，对房地产金融化现象与风险应予以重视。就产生过程而言，金融化是随着特定物品的货币化、货币的资本化以及资本的虚拟化等几个环节而产生的一种特有的经济现象，这一经济现象的出现进一步推动了大众对货币、货币资本以及虚拟资本的竞相占有和追逐，并进一步促进了资本的流动性和增值性在一定程度上的结合与统一（陈享光、黄泽清，2017）。

房地产金融化包括房地产要素金融化和房地产产品金融化两个方面。就房地产要素金融化而言，主要是指土地这一重要的生产要素的金融化。在我国，土地的金融化包括土地使用权的货币化、资本化和虚拟化。土地的货币化是指政府作为土地的所有者通过出让土地使用权而取得出让金收益的行为和过程；土地的资本化主要是指城市化过程中城市建设用地使用权成为企业的资本并用于生产和增值而完成的资本化过程（张海鹏、逄锦聚，2016）；土地资本的虚拟化是指在囤积土地、等待投机的过程中由于土地使用权这一未来增值凭证的获取而实现的（陈享光、黄泽清，2017）。赵燕菁（2014）认为，土地财政在本质上就是土地融资，强调土地财政"土地金融化"的层面和做法，从城市化推进整体战略角度考察具一定的合理性。"地方政府融资平台"就是连接土地金融和"土地财政"的关键性机构（周飞舟，2012）。

就房地产产品金融化而言，我们这里主要介绍住房的金融化。住房金融化包括住房商品化（即住房货币化）、住房商品资本化以及住房资本虚拟化。在我国，住房金融化起始于1998年开始实施的指向住房货币化和住房商品化的住房制度改革（Wu F，2015）。通过商品化和货币化，住房克服了变现性局限、实现了流动性、进而可以吸引投资，于是政府便将其作为吸引投资和提升国内消费的抓手，以应对经济和金融危机时出口的下滑（Gotham，2009）。住房通过区位附着了众多有形、无形的公共服务和社会资源（郑思齐、廖俊平、任荣荣等，2011），资本化的住房更是附带着复杂的社会关系。为了换取潜在购买者对于住房相关的公共服务和社会资源以及社会关系的出价，住房投机者通过相应的凭证积累实现住房资本的虚拟化，并在金融化背景下进一步深化（陈享光、黄泽清，2017）。我国住房市场化的成就显著，但由于对住房属性认识的不足，长期忽视住房基本消费品的属性，过度强调住房投资品属性，致使住房资本化现象严重（杨善奇，2018）。

就像西方资本主义（Harvey，1978）和东亚的住房市场（Smart 和 Lee，2003）一样，以住房为主的房地产开发在中国的城市发展中占据着核心位置（Wu F，2015）。房地产金融化将房地产开发（生产）置于城市化（发展）的资本积累的核心位置（Lin，2009；Wu F，2015）。因为，基于资本积累的视角，商品化的住房可以使地方政府通过土地出让获得收益，也可以使个人通过升值抵御通货膨胀。中国房地产价格波动的主要原因在于住房金融化（Wu F，2015），正是在住房金融化过程中的住房商品化（即住房货币化）、住房商品资本化以及住房资本虚拟化的推动之下，住房逐渐超越了其原本拥有的商品属性，并变成了一种用来投资的资产甚至是用来投机的资本（陈享光、黄泽清，2017）。因此，房地产金融化对城市土地扩张和人口扩张起着重要的作用，房地产金融化是关注城市扩张与城市扩张失衡现象以及失衡现象产生机理的重要线索和背景。

3.2.3 土地利用财政化

土地利用财政化的主要内涵。土地利用财政化（the Fiscalization of Land Use）一词最早来源于 Misczynski（1986）的解释，他认为这是地方政府为了增加自身收入而制定有关土地利用方面的管制政策的一种行为（张清勇等，2017）。Wassmer（2002）将土地利用财政化定义为地方公共财政对当地土地利用决策的影响。Kotin 和 Peiser（1997）则认为土地利用财政化是社区根据税收净收益确定土地利用方式的一种倾向。Wassmer（2002）指出，可支配收入（Discretionary Revenue）是土地利用决策中最重要的影响因素。因此，许多城市竞相争取能够带来最大税收收入的建设项目（Hansen，2014）。本书沿用 Misczynski（1986）和张清勇等（2017）的解释，将土地利用财政化界定为地方政府为了增加自身的财政收入而制定的一系列与土地利用有关的政策的行为和做法。其中，这里的财政收入包括预算内财政收入和预算外财政收入两个部分。前者主要是划归地方政府所有的与土地有直接和间接关系的各种税收收入，后者主要是由土地使用权出让带来的出让收入。另外，与土地有直接关系的税收收入主要是由土地和房地产发展带来的，与土地有间接关系的税收收入主要是由以房地产市场发展为前提和支撑而进行的策略性政策运用增加的税收收入，如招商引资带来的制造业税收收入。

土地利用财政化在一定程度上导致城市蔓延和城市扩张。增加税收收入的地方财政工具的使用容易导致城市扩张的后果（Slack，2002；Brueckner 与 Kim，2003；Song 与 Zenou，2006）。Wassmer（2005）将影响城市扩张的因素划分为三个类型：自然进化（Natural Evolution）类、逃离衰败（Flight From Blight）类和土地利用财政化（the Fiscalization of Land Use）类。Wassmer（2008）进一步将土地利用财政化（the Fiscalization of Land

Use）思想细化到地方财政收入选择（Local Revenue Choices）的总结。总而言之，关于城市扩张认识的思想和理论，主要有自然进化、逃离衰败和土地利用财政化等三个方面，土地利用财政化思想和理论更适合中国情景（张清勇等，2017）。

具体而言，Brueckner 和 Fansler（1983）在单中心城市理论的基础上，分析了影响城市扩张和城市蔓延的基本因素：人口规模、农业地价、收入水平和通勤成本。Mieszkowski 和 Mills（1993）将这些因素归纳为影响城市蔓延的自然进化类因素，并提出城市蔓延的自然进化思想。他们认为，城市蔓延是一个自然现象，随着收入和人口的增加、交通状况的改善、消费选择的发生以及与非农用地的竞争自然而然地进行。Gordon 和 Richardson（2000）描述了美国城市区域 50 年来城市蔓延过程中的自然演化因素的影响。除了自然演化因素的作用和推动，学者们还注意到了影响美国城市蔓延的独特因素，那就是逃离衰败的因素。Mieszkowski 和 Mills（1993）提出了逃离衰败的城市蔓延理论，他们认为高税收、高犯罪率、基础设施分散、义务教育低效、贫穷、少数民族等因素是半个世纪以来美国城市蔓延的主要原因。再者，土地利用财政化，也是导致城市蔓延的重要原因（Misczynski，1986；Wassmer，2002、2005、2008）。在某种程度上，土地利用决策因为受地方财政剩余的影响而“财政化”。这种认为“土地财政”影响城市蔓延的分析思路在 20 世纪 40 年代的美国就曾被作为一种规划思想和工具使用（Wassmer，2005）。我国在 20 世纪 90 年代中后期，特别是 2000 年以来实行的财税体制改革举措，逐渐促成了在总体税收收入方面的中央集权和土地、房产方面财产税收央、地分权的特有体制（陈志勇、陈莉莉，2011）。这种特有的兼具集权和分权特征的财税体制的形成，造成了地方政府对房地产业和建筑业的格外重视，从而导致了在地方产业结构中房地产业和建筑业的比重居于较高水平的局面。因此，土地利用财政化是关注城市扩张与城市扩张失衡现象以及失衡现象产生机理的重要线索和背景。

3.3 房地产开发影响城市土地扩张的理论分析

房地产开发影响城市土地扩张的主要逻辑可以通过房地产开发、城市土地扩张与经济增长关系模型进行分析。本部分首先建立房地产开发与经济增长关系模型，以探索房地产开发和经济增长之间的关系。其次，引入城市土地扩张与经济增长关系模型，以探索城市土地扩张与经济增长之间的关系。最后，综合分析房地产开发与经济增长以及城市土地扩张与经济增长的关系，并在此基础上进一步得到房地产开发与城市土地扩张关系模型。

3.3.1 房地产开发与经济增长关系模型：投资生产函数

为了分析房地产开发对城市土地扩张的影响，借鉴叶茂林（2005）、王家庭（2013）以及王家庭和臧家新（2017）关于教育生产函数的研究思路，我们把房地产开发投资纳入柯布—道格拉斯生产函数，借以构建投资生产函数。在投资生产函数中，将柯布—道格拉斯生产函数 $Y = AK^{\alpha}L^{\beta}$ 中的资本投入量 K 界定为总投资，并将总投资划分为包括房地产投资在内的固定资产投资和非固定资产投资，则投资生产函数的表达式可以表示为：

$$Y = AK_1^{\alpha_1}K_2^{\alpha_2}K_3^{\alpha_3}L^{\beta} \tag{3.1}$$

其中，Y 为总产出，即经济增长；A 为不变效率系数；K_1 、K_2 和 K_3 分别为房地产投资、非房地产固定资产投资和非固定资产投资；L 为劳动力投入量；α_1 、α_2 、α_3 和 β 分别为房地产投资、非房地产固定资产投资、非固定资产投资和劳动力的产出弹性。

3.3.2 城市土地扩张与经济增长关系模型：逻辑斯蒂方程

城市土地扩张是城市经济发展过程中的伴生现象。李效顺、曲福田、陈友偲等（2012）着眼于城市蔓延过程中的城市土地扩张现象，发现并验证了经济发展过程与城市土地扩张现象的关系规律（即 Logistic 曲线规律），本书可以借鉴其成果描述经济增长和城市土地扩张之间的关系。逻辑斯蒂（Logistic）方程描述的是一种 S 形的曲线，早在 1838 年由德国的数学家 Verhulst 提出并用于人口增长研究之后，在生物、医学、经济、管理等领域的研究中被广泛应用（宋波、玄玉仁和卢凤勇等，1986；徐荣辉，2010）。城市土地扩张是一种随着经济发展逐渐明显然后再减弱的现象，因而可以应用逻辑斯蒂（Logistic）方程描述经济增长和城市土地扩张之间的关系（徐荣辉，2012；李效顺、曲福田和陈友偲等，2012；王家庭、臧家新，2017）。逻辑斯蒂（Logistic）方程的最初表达式为（徐荣辉，2012）：

$$\frac{dy}{dt} = ky\left(1 - \frac{y}{C}\right) \tag{3.2}$$

其中，y(t) 为时间 t 的函数，表示人口规模等种群的数量；k 为比例常数；C 为承载能力，比如环境容量等。逻辑斯蒂（Logistic）方程的适用范围可以表示为：

$$\text{变量 } f(t):\begin{cases}\text{呈指数增长态势,}t\text{ 较小时;}\\ \text{增长速度下降,且接逐渐近于确切值,}t\text{ 较大时}\end{cases}$$

也就是说，如果变量随着时间的延续先在时间 t 较小时表现出呈指数形式增长的态势，然后在时间 t 较大时表现出增长速度下降的趋势，并且逐渐地接近于确切的临界值。则变量可以表示为关于时间的逻辑斯蒂（Logistic）方程。

逻辑斯蒂（Logistic）方程（3.2）属于可分离变量类的可微分方程，对其求解可以得到：

$$y(t) = \frac{C}{1 + \frac{C - y_0}{y_0} e^{-kt}} \tag{3.3}$$

其中，y_0 是 y(t) 在 t = 0 时的初始值。在逻辑斯蒂（Logistic）方程的实际应用中，针对所描述问题进行逻辑斯蒂（Logistic）模型建立之后，可以直接应用式（3.3）求解。

李效顺、曲福田和陈友偲等（2012）对逻辑斯蒂（Logistic）方程进行了进一步的表达，并被王家庭和臧家新（2017）加以应用，本书借鉴其新的表达式描述城市土地扩张和经济增长的关系如下：

$$S = \frac{C}{1 + Cae^{Y\ln b}} \tag{3.4}$$

其中，S 为城市土地扩张系数；Y 为经济增长；K 和 b 均为常数。另外，$a = (C - S_0)/CS_0 > 0$ 。这是因为，S_0 是城市土地扩张的初始值，这里根据李效顺、曲福田和陈友偲等（2012）认为的城市土地扩张系数先增大后减小的经验判断，可以假设其为一个略大于零的数；而 C 是城市土地扩张系数的临界值或最大值。

3.3.3　房地产开发与城市土地扩张关系模型

借鉴王家庭和臧家新（2017）的理论模型构建思路，我们将投资生产函数式（3.1）和城市土地扩张与经济增长关系模型即式（3.4）联立，以得到房地产开发、城市土地扩张与经济增长关系模型：

$$\begin{cases} Y = AK_1^{\alpha_1}K_2^{\alpha_2}K_3^{\alpha_3}L^{\beta} \\ S = \dfrac{C}{1 + Cae^{Y\ln b}} \end{cases} \tag{3.5}$$

求解方程组（3.5）可以得到房地产开发与城市土地扩张关系模型：

$$S = \frac{C}{1 + Cae^{AK_1^{\alpha_1}K_2^{\alpha_2}K_3^{\alpha_3}L^{\beta}\ln b}} \tag{3.6}$$

令 $u = \frac{1}{S}$ ，$m = A L^{\beta} ln b$ ，$ln b = -r < 0$ ，则 $m < 0$，代入房地产开发与城市土地扩张关系模型，即式（3.6），可得：

$$u = ae^{mK_1^{\alpha_1}K_2^{\alpha_2}K_3^{\alpha_3}} + \frac{1}{C} \tag{3.7}$$

由式（3.7）对 K_1 求偏导数，可得：

$$\frac{\partial u}{\partial K_1} = ae^{mK_1^{\alpha_1}K_2^{\alpha_2}K_3^{\alpha_3}} \cdot m K_2^{\alpha_2} K_3^{\alpha_3} \cdot (\alpha_1 K_1^{\alpha_1 - 1}) \tag{3.8}$$

由于 $a>0$，$m<0$，$\alpha_1>0$，则 $\frac{\partial u}{\partial K_1}<0$，即式（3.8）小于0。所以，u 和 K_1 负相关，S 和 K_1 正相关。也就是说，城市土地扩张和房地产投资正相关，房地产投资活动是城市土地扩张的重要推动因素。由此，本书提出**研究假说一：房地产开发影响城市土地扩张。**

3.4 房地产开发影响城市土地扩张与人口扩张失衡的理论分析

本部分基于 Cai 和 Treisman（2005）与王贤彬等（2014）关于地方政府效用函数和辖区企业总生产函数的研究、谢冬水（2016）关于地方政府城市化决策的理论模型以及房地产企业和地方政府形成利益联盟（杨帆、卢周来，2010；张振华，2011；吴启焰、曾文，2011）等方面的相关研究，建立我国房地产开发影响城市扩张失衡的理论模型，以期分析我国房地产开发对城市扩张失衡的影响。

3.4.1 地方政府行为分析

在土地利用财政化背景之下，典型的地方政府主要依赖土地出让收入和税收收入实现自身的正常运转和辖区的经济社会发展。具体地说，地方政府主要依靠两个方面的收入来源：一是地方政府出让土地使用权获得的预算外收入，这里用土地出让面积和出让价格的乘积表示；二是地方政府通过发展本地经济获得的税收收入中留归本地政府的部分，这里用地方总产出、统一税率以及留归本地政府的税收比率的乘积表示。地方政府的支出主要包括四个方面：一是地方政府用于维持自身正常运转的支出；二是地方政府为服务本地经济发展进行的基础设施投资；三是地方政府的土地征用成本；四是地方政府为本地市民提供的公共服务。此处沿用谢冬水

（2016）的做法，认为本地市民包括户籍人口和农业转移人口两个部分，不包括没有纳入辖区公共服务范围、未被市民化的农民工。相应地，对地方政府而言，其预算约束可以表示如下：

$$pM + \tau tY = G + I_I + cM + \zeta(N + L) \quad (3.9)$$

其中，p 表示土地出让价格；M 表示土地出让面积；Y 表示地方总产出；t 表示统一税率；τ 表示留归本地政府的税收比率；G 表示地方政府用于维持自身正常运转的支出；I_I 表示地方政府为服务本地经济发展进行的基础设施投资；c 表示单位面积的土地征用成本；ζ 表示地方政府为本地市民提供的人均公共服务支出；N 表示城市户籍人口；L 表示城市农业转移人口。

在地方政府公司化背景之下，地方政府具有部分自利特征（Cai 和 Treisman，2005；王贤彬等，2014；谢冬水，2016），其效用由三部分构成，除了追求维持自身正常运转的支出和可以带来政治晋升的地方总产出，也在一定程度上关心其辖区城市市民（含城市户籍和农业转移人口两个部分）的福利水平，并用其消费水平进行衡量。据此，我们可以建立地方政府的效用函数如下：

$$U = Y + G + \varepsilon C \quad (3.10)$$

其中，U 表示典型地方政府的效用水平；ε 表示地方政府对其辖区人口城市化的重视程度，$0 < \varepsilon < 1$；C 表示地方政府辖区内城市市民（含城市户籍和农业转移人口两个部分）的消费水平。

3.4.2 消费者行为分析

由于农民工的两栖生活特征，其在城市的消费值非常小，此处忽略不计。因此，地方政府辖区内的消费者主要是城市户籍人口和农业转移人口两个部分。其中，城市户籍人口的收入包括两个部分，即工资收入和地方政府提供公共服务收益；农业转移人口的收入则需要在工资收入和地方政府提供公共服务收益的基础上扣除转移成本部分。从而，地方政府辖区消费者的预算约束为（谢冬水，2016）：

$$C = N(W + \varphi) + L(W + \varphi - \Delta) \quad (3.11)$$

其中，W 表示城市居民的工资水平；φ 表示地方政府为其辖区内的城市居民提供的公共服务带来的收益；Δ 表示农业转移人口的转移成本。

3.4.3 非房地产企业投资行为分析

我们考虑基础设施的生产服务功能，将其与资本、土地、劳动等生产要素的投入一并纳入生产函数，则地方政府辖区内企业的总生产函数可以表示为（王贤彬等，2014；谢冬水，2016）：

$$Y = K^{\alpha} M^{\beta} [A(N+L)]^{\gamma} n^{u} I_{I}^{v} \tag{3.12}$$

其中，K 表示资本投入；A 表示包括城市户籍人口和农业转移人口的城市市民和农民工的效率差距；n 表示农民工（他们是城市重要的劳动力）的数量。α、β、γ、u、v 均大于 0，可能尚有未纳入总生产函数的要素，因而 $\alpha+\beta+\gamma+u+v$ 小于 1。

3.4.4 房地产企业投资行为分析

在地方政府公司化、房地产金融化和土地利用财政化的背景之下，房地产开发企业和地方政府结成了利益联盟（杨帆、卢周来，2010；张振华，2011；吴启焰、曾文，2011），共同维持高地价、高房价以及大力推进房地产投资的状态。基于这个前提和背景的考虑，本书构造了关于房地产开发企业的总投资函数如下：

$$I_{R} = spM \tag{3.13}$$

其中，I_R 表示房地产开发总投资，$s>0$，意在表明房地产开发投资与地方政府的土地出让价格 p 以及土地出让规模 M 呈正相关关系。并且，由式（3.12）可以得到土地出让价格的表达式：

$$p = \frac{I_{R}}{sM} \tag{3.14}$$

3.4.5 均衡分析与比较静态分析

将式（3.9）、式（3.11）、式（3.12）和式（3.14）代入式（3.10），可得地方政府总效用函数的表达式：

$$U = (1+\tau t)K^{\alpha}M^{\beta}[A(N+L)]^{\gamma}n^{u}I_{I}^{v} + (p-c)M - I_{I} - \zeta(N+L) + \varepsilon N(W+\varphi) + \varepsilon L(W+\varphi-\Delta) \quad (3.15)$$

由式（3.15）的一阶最大化条件 $\frac{\partial U}{\partial L}=0$、$\frac{\partial U}{\partial M}=0$ 可得：

$$(1+\tau t)\gamma K^{\alpha}M^{\beta}A^{\gamma}(N+L)^{\gamma-1}n^{u}I_{I}^{v} = \zeta - \varepsilon(W+\varphi-\Delta) \quad (3.16)$$

$$(1+\tau t)\beta K^{\alpha}M^{\beta-1}A^{\gamma}(N+L)^{\gamma}n^{u}I_{I}^{v} = c - p \quad (3.17)$$

由式（3.16）除以式（3.17）可得人均土地出让面积的表达式：

$$\eta = \frac{M}{N+L} = \frac{\beta}{\gamma}[\zeta - \varepsilon(W+\varphi-\Delta)]/[c-p] \quad (3.18)$$

由式（3.18）对房地产开发投资求偏导，可得

$$\partial\eta/\partial I_{R} = -\frac{\beta}{\gamma}[\zeta-\varepsilon(W+\varphi-\Delta)][c-p]^{-2}\partial p/\partial I_{R}$$

由于 $-\frac{\beta}{\gamma}<0$，$[c-p]^{-2}\partial p/\partial I_{R}>0$。$[\zeta-\varepsilon(W+\varphi-\Delta)]$ 可以视为地方政府对城市农业转移人口消费城市化的重视程度与地方政府为他们所提供的人均公共服务支出的差距。具有自利特征的地方政府对城市农业转移人口的公共服务支出力度往往弱于对其消费城市化的重视。因而，$[\zeta-\varepsilon(W+\varphi-\Delta)]<0$。所以

$$\partial\eta/\partial I_{R} > 0 \quad (3.19)$$

由于人均土地出让面积越大，城市土地扩张和城市人口扩张之间的差距越大，即城市扩张失衡越明显。因此，式（3.19）的经济含义在于：在现有的地方政府公司化、房地产金融化和土地利用财政化的背景之下，因房地产开发企业和地方政府结成了利益联盟，我国房地产开发投资对城市扩张失衡具有正向的推动作用。据此，本书提出**研究假说二：房地产开发影响城市土地扩张与人口扩张失衡。**

3.5 房地产开发影响城市土地扩张与人口扩张失衡的主要机理

关注改革开放以来我国城市化过程的阶段性特征，可以将其划分为三个主要的阶段，即工业城市化、土地城市化以及人口城市化（周飞舟等，2018）。本书中的城市土地扩张和人口扩张失衡主要发生在土地城市化阶段。就其发生的主要机理而言，这个阶段，在地方政府公司化、房地产金融化和土地利用财政化的特殊背景下，地方政府为了政治晋升展开了增加GDP和财政收入的竞争（Li 和 Zhou，2005；周黎安，2007、2017；陶然，2009、2010；朱英明等，2010；范剑勇等，2010；韩琪，2011；刘守英等，2012；周飞舟，2012；吕冰洋等，2014；刘凯、陈秀英，2015），并结成了与房地产企业的利益联盟（杨帆、卢周来，2010；张振华，2011；吴启焰、曾文，2011），致使房地产开发行为兼有了产业结构调整效应和公共支出挤占效应。产业结构调整效应主要源自于产业结构向第二产业的偏向，公共支出挤占效应主要源自于因产业结构偏向第二产业的变化带来基础设施投资膨胀、带来公共支出中公共服务支出被挤出的公共支出偏向。进而，这种产业结构调整效应和公共支出挤占效应促进了土地城市化和城市土地的扩张，但同时却不利于人口城市化和城市人口扩张，从而造成了城市土地扩张和人口扩张的失衡现象。由此可见，基于地方竞争的视角分析我国城市化过程中的城市土地扩张和人口扩张的失衡现象，有利于理解其产生的主要机理。

3.5.1 地方政府竞争视角的选择分析

（1）地方政府行为分析

政府行为是理解我国房地产开发影响城市扩张的重要视角。在我国，政府对理解社会经济现象的重要性毋庸置疑，没有理解政府行为，就难以理解中国经济（周飞舟，2012）。我国正处于由计划经济向市场经济转型的过程中，在国民经济的运行中，政府起着重要的作用。与此同时，房地产业由于具有较强的带动性和关联性的特点，在国民经济中起着重要的作用、占据重要的地位，政府对房地产业的重视程度较高，中央政府和地方政府都很关注房地产业的发展。因此，分析房地产经济的运行及其带来的经济社会影响，政府行为是一个可供选择的重要线索。其中，地方政府具有特殊的重要性。在中国经济改革开放后的增长奇迹中，地方政府扮演了极其重要的角色，地方官员在招商引资、追求经济发展过程中表现出了世界罕见的热情（周黎安，2017）。

根据行为学的认识思路，政府行为是其在与外界环境的相互作用过程中所作出的相应的反应和行动（李敬涛，2015）。改革开放以来，我国在政治权力方面的高度集中与在经济财税体制方面的分权状况这一特有的制度安排值得注意（姚洋等，2013）。Oi（1992）开启了基于财税体制的背景研究政府行为并解释社会经济现象的先例（杨帆、卢周来，2010）。据此，可以通过改革开放以来地方政府所处的财税体制环境变化、地方政府行为变化及其带来的经济社会影响，进行地方政府行为的观察和理解。改革开放以前，统收统支是我国中央和地方财政体制的主要特征。改革开放以后，财政包干制和分税制先后两个阶段的改革，大大地强化了地方政府的财政权力、改变了中央政府和地方政府的财政关系（韩琪，2011）。财政包干制带来了初步局面的财政分权，分税制则进一步促进了真正的财政分权（周飞舟，2012）。

财政分权对中国经济的影响是巨大和深远的（周飞舟，2012）。财政包干制的实施改变了地方政府的收入处置方式，为地方官员推动经济发展尤其是工业的发展提供了重要激励（Oi，1992；韩琪，2011；周飞舟、吴柳财、左雯敏等，2018；周飞舟，2012），分税制的实施，则使地方政府在财力支配的自主性方面进一步拥有了相应的独立性，从而强化了地方政府在追求地方经济增长进而追求财政收入方面的动机（韩琪，2011；周飞舟，2012）。在财政分权的背景下，地方政府间展开了竞争，招商引资和形象工程是突出的表现（周飞舟，2012）。地区竞争进一步推动和强化了地方政府的公司化现象。分税制改革使得地方政府从财政包干体制背景下的经营企业模式发展到经营城市和经营土地的新的模式（周飞舟，2012；刘凯、陈秀英，2015）。此外，与财政分权有关的政治晋升是激励地方官员和地方政府进行地区经济竞争的又一种制度安排（刘守英等，2012）。地方政府不但是“经济参与人”，还是“政治参与人”，关注其政治晋升与政治利益。他们不仅在经济上为财政税收而竞争（吕冰洋等，2014），而且在政治上为晋升而竞争（Li 和 Zhou，2005；周黎安，2007；周黎安，2017）。

改革开放以来，地方政府在应对财税体制环境变化和政治晋升过程中带来了明显的经济社会影响。地区竞争往往导致地方的重复建设和经济过热（周飞舟，2012）。此外，房地产业的滞后阻碍国民经济的发展，房地产业的不良发展破坏国民经济的发展，只有房地产业的适度发展才可以带动国民经济的发展（谢经荣、吕萍、乔志敏，2013）。土地利用财政化作为地方政府的功能异化行为，除了给经济发展造成多方面的危害，还通过提高居住和生活成本、阻碍人力资本积累以及干扰产业结构升级给劳动者带来了多方面的困惑（张义柱，2016；陈多长、游亚，2016；赵海益，2017）。

（2）地方政府竞争行为逻辑

地方政府竞争是理解我国房地产开发影响城市扩张、城市扩张失衡及其机理的重要视角。随着财税体制、城镇土地使用制度和城镇住房制度等改革的推进，我国中央政府和地方政府、地方政府之间的关系发生了重要的变化。在财税体制改革方面，1994 年进行的分税制改革带来了财政收入的中央集权，使得地方政府的财权和事权出现了明显不对等的情况。在既有的财政压力之下，地方政府致力于增加预算内财政收入和寻求预算外财政收入的不断努力之中。由于分税制改革之后营业税成为地方政府的主要税种、增值税由中央和地方共享，为了增加预算内财政收入，地方政府就格外看重房地产业和建筑业这些可以带来较多营业税的产业①，以及可以

---

① 2017 年 10 月 30 日，随着国务院常务会议通过《国务院关于废止〈中华人民共和国营业税暂行条例〉和修改〈中华人民共和国增值税暂行条例〉的决定（草案）》，营业税正式在我国取消。因本书的内容和背景涉及原来的营业税，故保留了该提法。

源源不断地带来增值税收入并且流动性较强的制造业。因此，在地方政府之间形成了重点发展房地产业和建筑业并竞相争夺制造业的经济竞争模式。加上政府行政绩效考核体制的改革滞后，这种地方政府之间的经济竞争受政治晋升的影响愈演愈烈。

随着我国城镇土地使用制度和城镇住房制度的启动，土地使用权得以有偿使用，住房实现了货币化分配，加上银行抵押贷款的支持，土地使用权出让给地方政府开启了一个增加预算外收入的重要渠道。在增加地方政府财政收入的同时，地方政府还可以利用土地供应的垄断权进行不同类型土地供应的策略选择，以配合调整地方产业结构的意愿，如对建筑业、房地产业和制造业的选择性侧重中实行低价供应工业用地、高价供应商住用地的策略以招商引资（陶然，2009、2010；朱英明等，2010；范剑勇等，2010）。与此同时，在地方政府的招商引资过程中，带来了城市基础设施的建设和改善的需求，地方政府因此进行大规模的城市基础设施建设，进一步推动了土地出让和土地融资这一资金来源，并催生了地方融资平台。事实上，在我国土地使用权制度和住房分配制度实行改革之后，许多地方政府把土地政策和招商引资工作结合起来，从而形成了经营土地和经营城市的新的局面和模式（陈志勇、陈莉莉，2011）。

在地方政府竞相发展建筑业、房地产业和制造业的过程中，带来了房地产开发投资膨胀、房价攀升、人口城市化受阻、土地城市化加速等现象和后果。如果审视我国经济社会的重大背景，不难发现：我国正处于城市化转型的阶段，土地城市化和人口城市化不协调，存在着城市土地扩张和城市人口扩张失衡的问题。与此同时，我国国民经济呈现出明显的房地产化特征。考虑到房地产业和城市化进程的密切联系，审视我国房地产开发对城市土地扩张和城市扩张失衡的影响意义重大，并且，地方政府竞争提供了研究和分析这一影响的重要视角。

地方政府主导下的地区竞争是我国经济增长的特征之一，这种竞争表现为以地招商引资（刘守英等，2012）。在地方政府公司化、房地产金融化和土地利用财政化背景之下，基于地方政府竞争的视角，可以清晰地看到一条我国房地产开发影响城市扩张和城市扩张失衡的作用主线，这条主线兼具地方政府竞争的激励、手段和条件，进而促使地方政府积极参与竞相发展经济的竞争。那就是，在竞争过程之中，财政分权和政治晋升为地方政府提供了经济竞争的内在激励，土地供应垄断为地方政府提供了经济竞争的手段（谢冬水，2016），房价上涨又为地方政府提供了以土地和房地产参与经济竞争的现实条件。

3.5.2 地方政府竞争视角房地产开发影响城市扩张失衡的机理分析

选择地方政府竞争的视角，考察房地产开发对城市扩张失衡的影响机理，可以通过以下两个方面的作用渠道加以分析：其一，是产业结构调整效应。在地方政府竞争的过程之中，地方政府通过低价出让工业用地的同时高价出让商住用地，借以土地利用政策调整为核心的招商引资行为达到发展本地经济、增加财政收入进而在地区竞争中获胜的目的，在促进城市土地扩张的同时没有相应地带动人口城市化，进而造成了表现为城市土地扩张和人口扩张不协调的城市扩张失衡现象。其二，是公共支出挤占效应。在地方政府竞争的过程之中，地方政府以地招商引资带来了对城市基础设施的投资需求，挤占了公共服务支出，在进一步促进城市土地扩张的同时、在一定程度上抑制了人口城市化，进而造成了城市扩张失衡。总之，房地产开发对城市扩张失衡的影响机理可以从产业结构调整效应和公共支出挤占效应两个方面加以解释和分析。

（1）房地产开发影响城市扩张失衡的产业结构调整效应

关于地方政府低价出让工业用地、高价出让商住用地的土地供应策略，学者们已经有所阐释（陶然，2009、2010；朱英明等，2010；范剑勇等，2010）。地方政府低价出让工业用地的做法重在吸引制造业进驻本地，达到招商引资的目的。在低价出让工业用地的同时，高价出让商住用地是地方政府为了实现在工业土地低价出让上的损失补偿和追求土地出让的预算外收入增加。

地方政府的以地低价引资行为，在一定程度上带来了相应的地方产业结构调整。1994 年分税制财税改革之后，在竞争过程中的地方政府对制造业的发展青睐有加。因为增值税是我国主要的税种之一（施文泼等，2010），分税制确立了增值税由中央和地方共享的地位。加之，作为增值税税源，制造业具有流动性强、成本敏感的特征（陶然等，2010）。因此，地方政府非常重视制造业的招商。在发展本地经济、增加地方税收收入的双重动力之下，地方政府将以地引资和发展制造业巧妙地结合了起来，并在一定程度上形成了对第二产业重视、对第三产业忽视（徐现祥等，2007）的产业发展偏好。这种产业发展偏好带来了地方产业结构向第二产业的偏向。

地方政府的低价以地引资行为，在一定程度上造成了城市用地规模的大幅度扩张，促进了土地城市化。一方面，在低地价招商引资模式之下，城市工业用地规模大幅度扩张。事实上，开发区和工业园区在我国各地非常普遍（向宽虎等，2015）、屡禁不止（陶然等，2010）。另一方面，在地方政府公司化、房地产金融化和土地利用财政化的背景之下，为了补偿低工业地价招商引资，希望高价出让商住用地的地方政府和房地产开发企业结成了利益联盟（杨帆、卢周来，2010；张振华，2011；吴启焰、曾文，2011），共同维持高地价、高房价和高房地产投资的状况，从而带来商住用地的扩张。在工业、商住用地共同扩张的情况下，城市用地规模的大幅度扩张在所难免。总而言之，在特殊的背景之下，房地产投资助力了地方政府的以地低价引资行为，并在一定程度上造成了城市用地规模的大幅度扩张，促进了土地城市化。然而，产业结构的演进过程与城市化的进程相伴相随（王佳，2017），地方政府的低价以地引资行为，在一定程度上促进土地城市化的同时，却抑制了人口城市化。因为，第三产业有着吸纳劳动力的天然能力（靳涛等，2014），却因地方政府的忽视而难以发力。

基于以上分析的关于房地产开发影响城市扩张失衡的产业结构调整效应的作用机理，本书提出**研究假说三：在地方政府竞争的过程之中，房地产开发通过产业结构偏向影响城市土地扩张与人口扩张失衡。**

（2）房地产开发影响城市扩张失衡的公共支出挤占效应

较高的基础设施服务水平可以为企业的发展提供良好的条件，地区基础设施状况的改善是地方政府的重要职责（张军等，2007）。在地方政府竞争的过程中，地方政府的以地引资举措在一定程度上促进了地方制造业的发展。地方制造业的发展又对地方政府的基础设施建设和投资活动提出了新的要求。

在地方政府竞争的过程中，地方基础设施建设促进了城市用地规模扩张，促进了地方的土地城市化进程。分税制改革之后，地方政府财政收入与支出不匹配状况，以及“吃饭财政”支出的结构性刚性特征，使得地方政府面临着较大的财政支出方面的压力（范剑勇，2014），从而使地方政府陷入了仅依靠预算内财政资金无法满足城市建设和基础设施建设的巨额资金需求。事实上，地方政府在基础设施建设方面的资金主要来自于出让商住用地的收入和利用土地抵押得到的融资（王佳，2017），即以地生财与以地融资，这是地方政府在竞争过程之中以土地谋求发展的特有举措（刘守英等，2012）。具体而言，地方竞相发展制造业引发的基础设施建设的投资需求，一方面要求地方政府增加土地出让收入、进而增加土地出让面积，另一方面催生了地方融资平台。地方融资平台是地方政府以土地使用权价格作为抵押担保向银行等金融机构获取贷款的一种以地融资方式。这种融资方式对土地价格和土地市场有一定的依赖，与地方政府的房地产开发活动息息相关。商住用地价格的上涨一方面增加了地方的土地出让收入与土地抵押融资，另一方面也给地方的基础设施建设和投资提供了非常重要的资金来源（郑思齐等，2014）。因此，由地方基础设施建设投资需求引发的土地出让和土地抵押需求，在一定程度上扩大了土地抵押和出让规模，进而促进了城市土地规模的进一步扩张和土地城市化进程（王佳，2017）。

然而，地方政府竞争的过程中，基础设施建设投资促进地方土地城市化的同时，却因引发房价上涨和挤占公共服务投资，不利于地方人口城市化，进而带来城市土地扩张和人口扩张失衡。因为，大规模的城市基础设施建设投资在一定程度上会挤占地方公共服务投入（王佳，2017），从而不利于地方公共服务水平的提升。地方政府用于基础设施支出的平均增速高于地方财政支出的增速，用于科教文卫的支出平均增速低于地方财政支出的增速，就占地方财政总支出的比重而言，地方政府用于基础设施的支出比例高于科教文卫方面的支出比例，地方政府的财政支出存在明显的重视基础设施建设、轻视社保服务类支出的倾向，也是推动城市用地规模扩张的主要因素（曹春艳、吴群，2013）。但是，公共服务水平是衡量城市宜居程度的主要指标（郑思齐等，2011），也是居民选择是否迁移至本地重点考查的因素（夏怡然等，2015）。由于公共服务配套的滞后，我国消费者城市化滞后于劳动力城市化（宋立，2014）。

基于以上分析的关于房地产开发影响城市扩张失衡的公共支出挤占效应的作用机理，本书提出**研究假说四：在地方政府竞争的过程之中，房地产开发通过公共支出偏向影响城市土地扩张与人口扩张失衡。**

3.5.3 房地产开发影响城市扩张失衡机理分析的进一步说明

关于房地产开发影响城市土地扩张和人口扩张失衡的主要机理，除了如前所述，基于地方竞争的视角关注地方政府公司化、房地产金融化和土地利用财政化的特殊背景，分析地方政府为了政治晋升展开增加GDP和财政收入的竞争，并结成与房地产企业的利益联盟，致使房地产开发行为兼有了产业结构调整效应和公共支出挤占效应的现象，还与城市郊区化现象密切相关。在城市郊区化的过程中，房地产开发带来的城市土地扩张效应和人口分散效应值得重视。下面，我们就从城市郊区化的现象、城市郊区化的主要逻辑以及城市郊区化视角房地产开发影响城市扩张失衡的主要机理几个方面进行进一步的讨论。

（1）城市郊区化的现象

城市郊区化涉及人口郊区化和产业郊区化两个方面。城市人口分散化是一个世界性的趋势（Anas、Arnott 和 Small，1998）。收入的增长、交通成本的降低以及中心城区住宅功能的退化等因素在一定程度上促进了城市人口的郊区化（Bradbury 和 Small，1984；Anas、Arnott 和 Small，1998；Arthur O'Sullivan，2012）。城市人口的郊区化给郊区住宅的开发建设提供了需求基础。房地产开发企业对住房需求的回应和满足是城市土地扩张的重要影响因素（Harvey 和 Clark，1965）。事实上，郊区相对低廉的土地成本是住宅开发企业开发郊区住宅的重要原因，也是制造业企业、商业服务企业和写字楼开发项目向郊区迁移的决定性因素之一。除此之外，交通运输成本的下降也在制造业企业、商业服务企业和写字楼开发项目迁往郊区的过程中起到了推波助澜的作用（Moses 和 Williamson，1967）。

（2）城市郊区化的主要逻辑分析

人口郊区化带来了生活型服务业和制造业的郊区化。一方面，受到人口及住宅郊区化的影响，生活性服务业也容易出现郊区化现象。因此，紧随住宅迁往郊区的往往是商业服务部门。另一方面，因企业临近居住地而使通勤成本下降的事实可以在一定程度上降低工资水平，从而节约企业的人力成本，因此，制造业郊区化在一定程度上受到了人口郊区化的影响和牵引（Arthur O'Sullivan，2012）。当然，也不排除因郊区企业工作机会的吸引使得人口及其住处向郊区迁移的可能。

制造业的郊区化带来了生产型服务业和写字楼的郊区化。一方面，由于向制造企业提供商务服务这一中间投入品的企业间联系，制造业的郊区化过程必然带来生产型服务业的郊区化。另一方面，受信息技术革命的影响，写字楼服务在一定程度上减轻了对中央商务区的依赖，也出现了向郊区发展的倾向（Arthur O'Sullivan，2012）。当然，写字楼的郊区化与人口郊区化及其带来的生活型服务业郊区化也是密不可分的。

可以说，在城市郊区化的现象和过程中，人口郊区化和产业郊区化密切联系、相互促进，产业郊区化之间也是这样。

（3）城市郊区化视角房地产开发影响城市扩张失衡的机理分析

基于城市郊区化的视角分析房地产开发对城市土地扩张和人口扩张的影响，可以发现，在城市郊区化的背景之下，房地产开发具有一定的土地扩张效应和人口分散效应。就房地产开发的土地扩张效应而言，住宅郊区化、郊区开发区现象、大型购物中心的建设以及城市郊区的写字楼建设，都在一定程度上带来了城市土地规模的扩张。就房地产开发的人口分散效应而言，主要表现在城市郊区化过程中人口居住和就业的分散化。可以说，在城市郊区化的过程中，郊区住宅、工业厂房、写字楼、商业地产等方面的房地产开发都在一定程度上促进了城市土地的使用和扩张，但是，由于这些活动带来的城市人口规模扩张与土地扩张相比却不是很明显。因此，与研究假说一和研究假说二相对应，在城市郊区化的背景之下，房地产开发一定程度上促进了城市土地扩张以及城市土地扩张与人口扩张失衡。

3.6　我国房地产开发规制的特殊性对城市扩张具有重要影响

3.6.1　我国房地产开发规制具有特殊性

不同的行业和领域有不同的特点，应该结合行业和领域的差异性，有针对性地进行政府规制（周学荣，2010）。另外，与宏观经济的调控相比，微观产业的规制作为整体中的局部，往往具有服从前者的特征（余晖，2008）。从近年来我国宏观经济调控的实践来看，确实表现出房地产业规制或调控服从整个宏观经济调控大局的特点（凌维慈，2017）。从规制经济学的角度审视我国房地产规制的特点，可以清楚地看到，我国房地产开发规制存在着规制主体与客体相混淆、房地产开发规制与国家宏观调控交叉进行以及房地产开发规制目的不明确、不稳定等主要特点。

（1）我国房地产开发规制中存在主体与客体的混淆

政府规制是多方利益集团的利益实现过程，利益团体可能是消费者、生产者、利益相关者或者政府，但更多的情况下是生产者、利益相关者或者政府，因为他们在规制的过程中有机会和可能追求自身利益的最大化（周学荣，2010）。当规制者因追求自身利益的最大化而成为利益集团之一，就容易出现规制主体和规制客体的混淆。我国房地产开发规制中就存在着规制主体与客体混淆的现象（凌维慈，2017）。一方面，地方政府经由中央政府授权开展当地房地产市场和房地产开发活动的规制工作。另一方面，由于我国土地使用制度的特点，地方政府又在土地一级市场上代表国家行使土地所有权权利，进而受到关于房地产市场和房地产开发方面的政府规制。我国房地产开发规制中主体与客体的混淆，有可能偏离房地产规制的原有目标和方向，并带来相应的不良后果，不利于房地产开发规制工作的有序进行。

（2）房地产开发规制与国家宏观调控存在交叉

王俊豪（2007）根据党的十八届三中全会对深化改革的同时高度重视市场监管问题的强调，对政府的基本职能进行了总结，认为政府的基本职能包括宏观调控、市场监管、公共服务、社会管理和环境保护几个方面。其中，市场监管（即政府管制）是适应建立和完善社会主义市场经济体制的需要而产生并不断加强的一个重要的政府职能。事实上，许多宏观调控政策也同时拥有微观监管的功能和作用，而致力于微观监管的相关机构往往需要出于服从大局的考虑配合政府在产业发展政策、产业结构调整政策等方面的宏观调控举措（余晖，2008）。我国房地产开发规制就与国家宏观调控存在着相互交叉的现象，这正是房地产业作为微观产业部门对国家总体宏观经济调控大计实施过程的服从（余晖，2008），也是国家致力于经济发展的战略性举措在行政规制策略方面的具体表现之一，以至于“房地产调控”的术语和提法多于“房地产规制”（凌维慈，2017）。

（3）房地产开发规制有目的不明确、不稳定现象

政府规制的产生与市场失灵密切相关。但是，政府规制和市场失灵的关系并非简单替代，而是一种不断调整的动态变迁过程（周学荣，2010）。政府规制最早源自于涉及民生的自然垄断性行业（周学荣，2010），对民生问题的关注和重视可见一斑。事实上，社会公共利益保护的初衷集中体现于公共利益规制理论这一传统的规制经济理论之中。

但是，与福利国家住房干预政策源于收入再分配的目标不同，我国以住房为主的房地产调控多与投资刺激和金融风险密切相关（Wu F，2015）。这就使得房地产规制的规制目的因宏观调控的需要而徘徊于社会公共利益保护（保障居民基本的居住权利）、拉动经济增长和防范金融风险之间，

从而造成了房地产开发规制目的不明确、不稳定的现状，进而影响房地产开发规制的效果，甚至带来相应的经济社会影响和后果。

我国房地产规制与国家宏观调控存在交叉，房地产开发规制中存在主体与客体的混淆，房地产开发规制的规制目的不明确、不稳定。房地产需求，是人们生活的基本生存需求、发展和享受需求以及社会生产带来的相应需求，是社会发展和经济增长带来的一种衍生性需求（胡金星，2016）。就投资和经济增长的关系而言，政府负责基础设施投资、企业负责实体经济投资，创造就业机会、吸引人口积聚，进而带来房地产需求的增加，这就是基础设施投资、企业投资以及衍生的房地产投资带动经济增长进而带来房地产需求增加的基本逻辑。在这个基本逻辑之下，房地产规制可以较好地兼顾保障人民基本居住需要的民生目标和服务于经济增长的经济服务目标。

3.6.2　我国房地产开发规制的特殊性对城市扩张具有重要影响

如前所述，我国房地产开发规制具有规制主体与客体相混淆、房地产开发规制与国家宏观调控交叉进行以及房地产开发规制目的不明确、不稳定等主要特点，一方面造成了产业结构偏向第二产业的状况，另一方面带来了公共财政支出中基础设施建设挤占公共服务的偏向，在消耗了大量的城市建设用地、促进土地城市化大力推进的同时，却阻碍了农业人口向城市的转移、阻碍了人口城市化进程，从而造成了土地城市化超前于人口城市化的城市扩张失衡。

如前所述，由于地方政府追求财政收入最大化的公司化行为，一方面致力于增加预算内财政收入，格外看重房地产和建筑这些可以带来较多营业税的产业，以及可以源源不断地带来增值税收入并且流动性较强的制造业；另一方面致力于增加预算外财政收入，通过竞相高价出让商住用地、获取高额的土地使用权出让金。受这两个方面的动机和行为的驱使及影响，在地方政府之间形成了重点发展房地产、建筑行业并竞相争夺制造业的经济竞争模式。这种模式必然带来经济结构的低端趋同现象，难以实现产业结构的升级，进而造成产业结构偏向第二产业的状态。在这种产业结构偏向状态的影响之下，一方面消耗了大量的建设用地，另一方面却未能带来相应的人口城市化，从而使土地城市化和人口城市化脱节，造成土地城市化超前于人口城市化的城市扩张失衡现象。作为房地产业的规制者，中央政府和地方政府的房地产规制都有需要改进和调整的方面。可以说，我国房地产开发规制的特殊性，在一定程度上造成了产业结构偏向及城市扩张失衡。

在地方政府公司化、房地产金融化和土地利用财政化现象的综合推动之下，重点发展房地产、建筑行业并竞相争夺制造业的经济竞争模式离不开基础设施的建设。在既定的公共财政能力范围之内，基础设施投资的大幅扩张，必然对涉及民生的公共服务性支出形成挤占，从而使公共财政支出中的公共服务支出不足。也就是说，这种在地方政府间以“招商引资”和倚重房地产业的经济结构为表现形式的向发展式政府治理模式转型是可以解释我国基础设施投资规模扩张的决定的重要因素（张军、高远和傅勇等，2007），重点发展房地产、建筑行业并竞相争夺制造业的经济竞争模式带来了公共财政支出中的基础设施建设偏向，并造成了公共财政支出中的公共服务支出不足。公共财政支出中的公共服务支出不足不利于吸引非农业人口落脚城市，不利于人口的城市化。这样一来，由于房地产开发规制失灵，在造成消耗大量的建设用地、大力推进土地城市化的同时，却未能带来相应的人口城市化，从而使土地城市化和人口城市化脱节，造成土地城市化超前于人口城市化的城市扩张失衡现象。可以说，由于我国房地产开发规制特殊性造成的以房地产业、建筑业为重点的发展模式，在一定程度上造成了公共支出偏向及城市扩张失衡。

3.7 本章小结

本章的主旨在于，从理论上探讨房地产开发对城市扩张的影响。通过理论分析，试图说明在特殊的背景之下我国房地产开发不仅促进了城市土地扩张而且促进了城市土地扩张和城市人口扩张失衡的现象，以及我国房地产开发通过产业结构偏向和公共支出偏向影响城市扩张失衡的主要机理。首先，对我国房地产开发影响城市扩张的特殊背景进行了总结，认为地方政府公司化、房地产金融化和土地利用财政化是我国房地产开发影响城市扩张的主要背景。其次，建立了房地产开发、城市土地扩张与经济增长关系模型，进行了房地产开发影响城市土地扩张的理论分析，证明房地产开发对城市土地扩张影响的存在性。然后，在地方政府和房地产企业利益联盟的基础上，对地方政府的城市化过程决策模型加以拓展，进行特殊背景之下我国房地产开发影响城市扩张失衡的理论分析。接着，进行特殊背景之下我国房地产开发影响城市扩张失衡的主要机理的理论分析，认为在地方政府的竞争过程之中房地产开发通过产业结构偏向和公共支出偏向影响城市扩张失衡。在此过程中，本章提出四个研究假说：

研究假说一：房地产开发影响城市土地扩张。

研究假说二：房地产开发影响城市土地扩张与人口扩张失衡。

研究假说三：在地方政府竞争的过程之中，房地产开发通过产业结构偏向影响城市土地扩张与人口扩张失衡。

研究假说四：在地方政府竞争的过程之中，房地产开发通过公共支出偏向影响城市土地扩张与人口扩张失衡。

最后，就我国房地产开发规制的特殊性及其对城市扩张的重要影响加以分析。

如前所述，我国房地产开发规制的特殊性对城市扩张具有重要影响。我国房地产开发规制具有规制主体与客体相混淆、房地产开发规制与国家宏观调控交叉进行以及房地产开发规制目的不明确、不稳定等主要特点，一方面造成了产业结构偏向第二产业的状况，另一方面带来了公共财政支出中基础设施建设挤占公共服务的偏向，在消耗了大量的城市建设用地、促进土地城市化大力推进的同时，却阻碍了农业人口向城市的转移、阻碍了人口城市化进程，从而造成了土地城市化超前于人口城市化的城市扩张失衡。

因此，在房地产开发规制方向上寻求城市扩张问题的施治方向，不仅要基于特殊的背景条件研究房地产开发对城市扩张的影响，而且要重视我国房地产开发规制的特殊性对城市扩张的重要影响，在房地产开发规制的相关主体与客体行为调整和规范上寻求思路。从而，中央政府的房地产规制行为改善、地方政府的房地产规制行为规范、房地产利益集团的有效约束和房地产消费者的理性培养等将是在房地产开发规制方向上寻求城市扩张问题的施治方向。

第 4 章

我国房地产开发与城市扩张的现状分析

如前所述，在地方政府公司化、房地产金融化和土地利用财政化的背景下，我国的房地产开发活动影响了城市扩张。在具体实证分析之前，本章将进行我国房地产开发与城市扩张的现状分析，在明确城市扩张和房地产开发度量指标的基础上，分析我国城市扩张和房地产开发的变化特征。

4.1　我国城市扩张水平的变化特征分析

4.1.1　城市扩张水平度量指标的说明

如前所述，本书关于城市扩张主要有两方面的内涵界定：一是城市土地扩张，主要是指城市建成区面积的扩张。二是城市扩张失衡，主要是指城市土地扩张和人口扩张的差距，反映城市化过程中人口与土地城市化的关系。研究人口与土地城市化关系的分析工具主要有异速生长、增速比较和协调度比较等（叶裕民等，2015）。另外，城市用地扩张弹性系数是指城市用地与人口增长率的比值，是衡量土地和人口城市化之间的失衡状况的重要指标（谢冬水，2016），在城市用地快速扩张的趋势之下，可以用来较好地度量城市扩张现象（兰肖雄等，2012）。不少学者（柴熊等，2012；谢冬水，2016；王佳，2017）认为，在我国存在土地城市化超前于人口城市化的城市扩张失衡现象。因此，城市用地扩张弹性系数可以较好地衡量城市化失衡和城市蔓延。王家庭等（2010）也采用了同样的指标对我国 35 个大中城市 1999—2008 年的蔓延程度进行了度量。Ewing（1997）的观点是，地区土地城市化率超过人口增长率，即出现了城市土地扩张和人口扩张的失衡现象。王佳（2017）用建成区面积增速和市辖区常住人口增速之差衡量城市化失衡。建成区是最能反映城市实体状况的概念，本书在结合文献研究成果的基础上，用建成区面积增速度量城市土地扩张，以描述土地城市化现象；在增速差异的基础上用建成区面积增速与城市人口增速之差度量城市土地扩张与人口扩张失衡，以描述土地城市化和人口城市化的差距。城市土地扩张及其与人口扩张失衡，可以分别用公式（4.1）和公式（4.2）表示：

$$expan = (s_1 - s_0) \div s_0 \tag{4.1}$$

$$expan0(\text{或 } expan1) = [(s_1 - s_0) \div s_0] - [(p_1 - p_0) \div p_0] \tag{4.2}$$

其中，expan、expan0、expan1、s_0、s_1、p_0、p_1 分别表示城市土地扩张系数、基于户籍人口的城市扩张失衡系数、基于常住人口的城市扩张失衡系数、期初城市建成区面积、期末城市建成区面积、期初城市人口规模和期末城市人口规模。

4.1.2 我国城市扩张水平的变化

（1）我国城市土地规模和人口规模大幅扩张

改革开放以来，我国城市经历了一个快速发展的过程，城市土地规模和人口规模大幅扩张。如图 4－1 所示，我国城市人口规模和土地规模都实现了大幅度的扩张。1981—2015 年，我国城镇人口由 20 171 万人增至 77 116 万人，增长了 2.82 倍；城市建成区面积则由 7 438 平方公里增至 52 102.3 公里，增长了 6.00 倍，后者是前者的 2.13 倍，年均增长 0.06 倍。其中，2000—2015 年，我国城镇人口由 45 906 万人增至 77 116 万人，增长了 0.68 倍；城市建成区面积则由 22 439.3 平方公里增至 52 102.3 公里，增长了 1.32 倍，后者是前者的 1.94 倍，年均增长 0.13 倍。可见，从总体上看，我国土地城市化的速度快于人口城市化，2000 年以来，土地城市化快于人口城市化的现象更加明显。

（2）我国城市土地规模扩张快于人口规模扩张

进一步考察我国城市土地和人口的规模扩张速度不难发现，改革开放以来的大部分年份，前者均高于后者（详见图 4－2）。除了 1985 年、2008 年和 1996—2000 年的部分年份，以建成区面积增速表征的土地城市化速度均高于城镇人口增速表征的人口城市化速度。

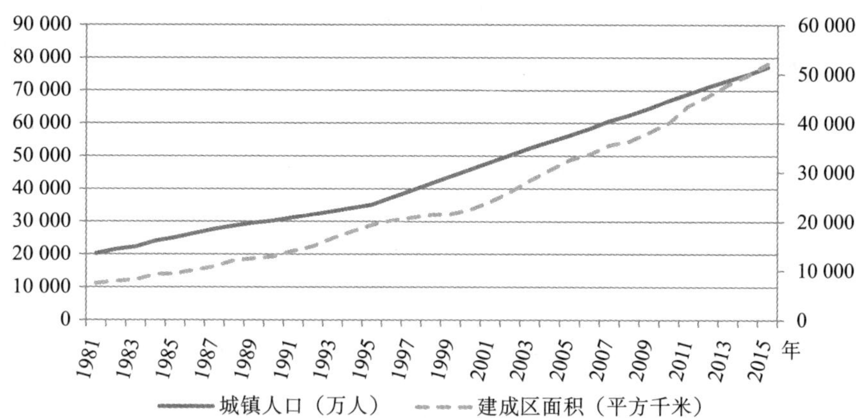

图 4－1　1981—2015 年我国城市建成区面积和城镇人口变化趋势

资料来源：城市建成区面积来源于《中国城市统计年鉴》；城镇人口来源于《中国统计年鉴》。

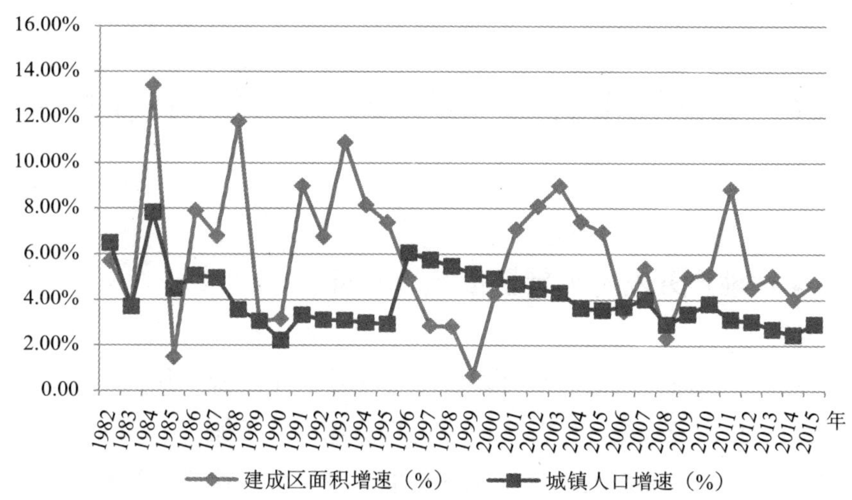

图 4－2　1981—2015 年我国城市建成区面积和城镇人口增速

资料来源：城市建成区面积来源于《中国城市统计年鉴》；城镇人口来源于《中国统计年鉴》。

（3）我国大部分年份存在城市扩张失衡现象

再进一步考察我国城市土地扩张和城市人口扩张的差距发现，1981—2015 年，我国大部分年份的城市扩张失衡系数小于 0，存在城市扩张失衡现象，如图 4－3 所示。

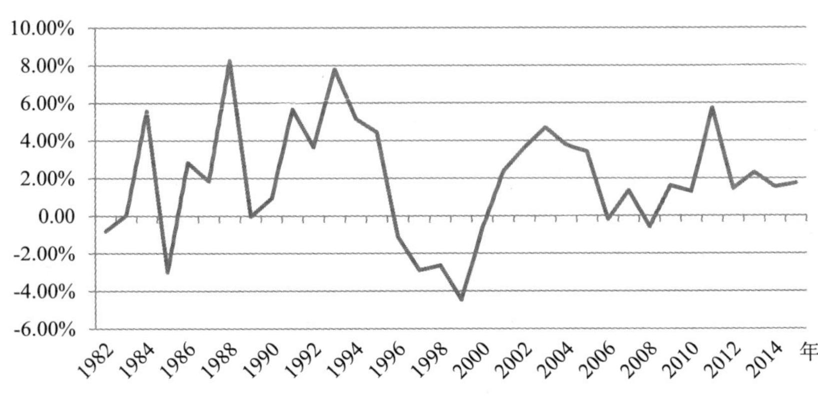

图 4－3　1981—2015 年我国城市扩张失衡变化趋势

资料来源：根据公式（4.2）基于相关数据计算，数据来源于《中国城市统计年鉴》和《中国统计年鉴》。

4.2　我国城市房地产开发水平的变化特征分析

4.2.1　房地产开发水平度量指标的说明

房地产开发统计为房地产开发水平度量提供了基础。从房地产开发流程来看，房地产开发统计的基本内容包括房地产开发概况、立项阶段统计和前期阶段统计；从房地产开发经济功能来看，房地产开发统计的基本内容包括房地产开发基本情况指标、投资完成情况、资金来源、房屋销售与出租情况、开发经营情况等（叶雉鸠，2007）。为了本书研究的方便和需要，主要使用房地产投资完成情况统计资料进行房地产开发水平的度量，度量指标为“房地产投资完成额”。其中，“房地产投资完成额”对应于《中国房地产统计年鉴》中的“本年完成投资”指标、《中国城市统计年鉴》中的“房地产开发投资完成额”指标以及《中国区域经济统计年鉴》中的“固定资产投资（房地产开发部分）”指标。

另外，考虑到住房是主要的房地产产品形式，并且，近年以来住房经济在我国房地产经济以及国民经济和社会生活中居于重要地位的现实，本书同时关注房屋销售情况中的住宅投资方面，即商品住房销售面积及价格，并据以度量房地产开发水平。其中，商品住房销售面积来源于《中国房地产统计年鉴》中的“商品房（住宅）销售面积”指标，商品住房销售价格取“商品住房销售平均价格”之意，对应于《中国房地产统计年鉴》中的“商品房（住宅）平均销售价格”指标，或根据《中国区域经济统计年鉴》中的“商品房（住宅）销售额”和“商品房（住宅）销售面积”指标加以计算。

4.2.2　我国城市房地产开发水平的变化

（1）房地产投资完成额占 GDP 的比重长期增长

1999 年以来，我国房地产投资完成额经历了较长时期的快速增长，如图 4－4 所示。1999 年，我国房地产投资完成额仅 4 103.20 亿元，占 GDP 的比重为 4.58%。2013 年，我国房地产投资完成额为 86 013.38 亿元，占 GDP 的比重达到 15.12% 的最高水平。2016 年，我国房地产投资完成额进一步增至 102 580.61 亿元，只是占 GDP 的比重降至 13.80%。

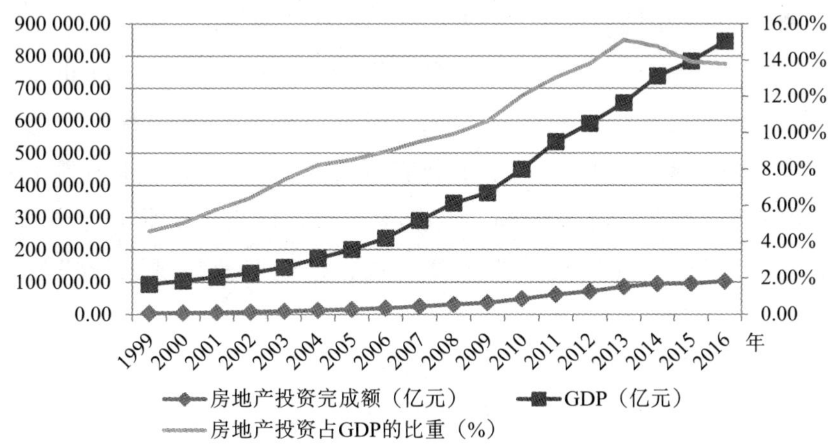

图 4－4　1999—2016 年我国房地产投资完成额、GDP 及房地产投资完成额占比

资料来源：GDP 数据来自于《中国统计年鉴》；房地产投资完成额数据来自于《中国房地产统计年鉴》。

（2）房地产投资完成额中住宅投资占比长期居高不下

1999 年以来，我国房地产和住宅投资均持续增长，住宅投资在房地产投资中的占比长期居于较高的水平（详见图 4－5）。除 2013 年为 50.26% 之外，我国住宅投资在房地产投资中的占比大多数年份高达近 70%，1999 年和 2001 年甚至更高。可见，住宅投资是我国房地产投资的主要形式和组成部分。

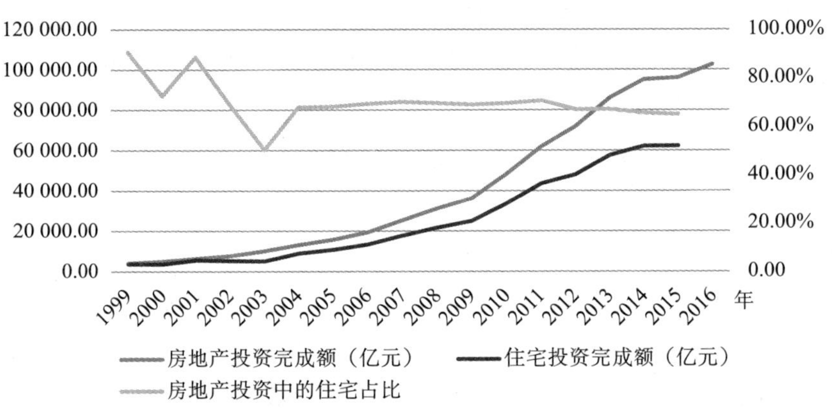

图 4－5　1999—2016 年我国房地产和住宅投资及房地产投资中的住宅比重

资料来源：房地产和住宅投资数据均来自《中国城市统计年鉴》，为市辖区数据。

（3）商品住房销售规模大幅度扩张、增速长期超过人口扩张

如图 4－6 和图 4－7 所示，1997 年以来，我国城镇人口和商品住房销售规模均经历了大幅度的扩张。但是，从增长速度看，除极少数年份外（2008 年和 2014 年），我国商品住房销售规模增速均高于城镇人口增速。这说明，在这期间，与我国城市人口规模扩张速度相比较，我国商品住房市场的规模扩张速度更快，住宅产业呈现出较快的发展步伐。

（4）商品住房平均销售价格持续上涨

如图 4－8 所示，我国商品住房平均销售价格持续上涨，从 2001 年的 2 017.00 元/平方米，增至 2015 年的 6 473.00 元/平方米，上涨了 3 倍多。除了受到次贷危机的影响 2008 年呈现负增长之外，2001 年以来，我国商品住房平均销售价格绝大多数年份正增长，多数年份增长幅度在 5%—

15%之间，最好增速曾经于 2009 年达到 24.69%。事实上，我国商品住房价格的持续上涨备受关注。

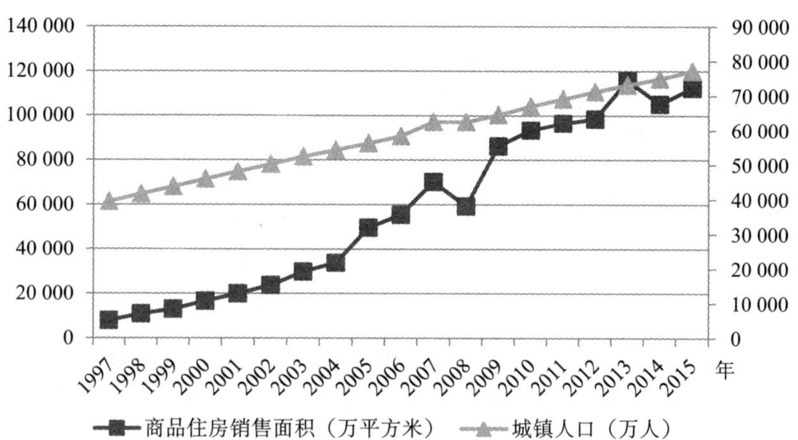

图 4-6　1997—2015 年我国城镇人口规模和商品住房销售面积

资料来源：商品住房销售面积来自于《中国房地产统计年鉴》；城镇人口来源于《中国统计年鉴》。

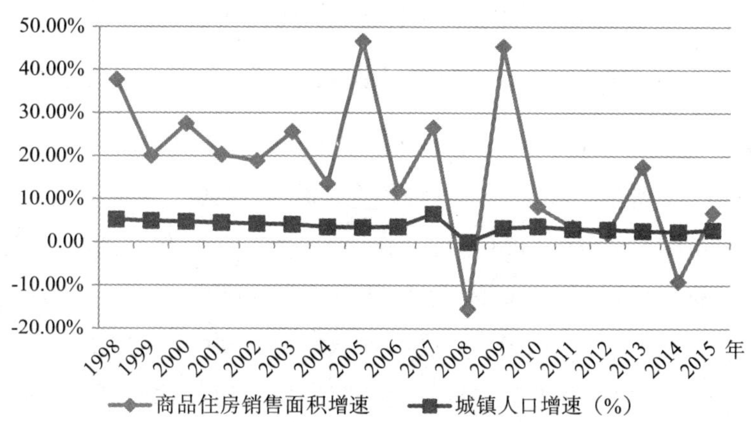

图 4-7　1997—2015 年我国商品住房销售面积增速和城镇人口增速

资料来源：商品住房销售面积来自于《中国房地产统计年鉴》；城镇人口来源于《中国统计年鉴》。

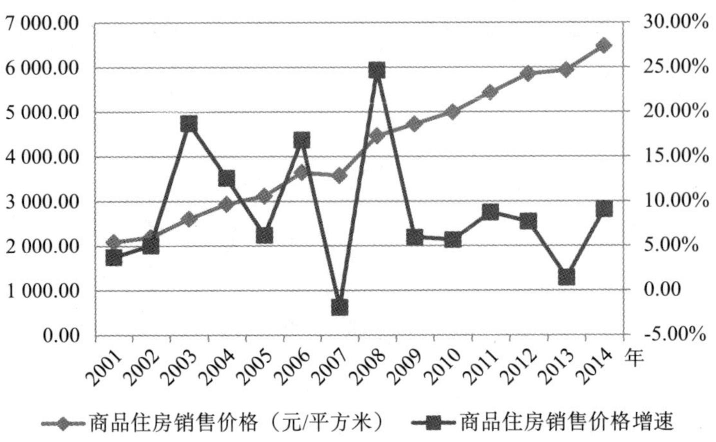

图 4 -8　2001—2015 年我国商品住房销售价格及其增速

资料来源：商品住房销售价格数据来自于《中国房地产统计年鉴》，对应于“商品住房平均销售价格”指标。

4.3　随着房地产投资完成额的增加存在城市扩张失衡现象

如图 4 -9 所示，我国房地产投资完成额从 1999 年的 4 103. 2024 亿元增至 2016 年的 102 580. 6128 亿元，18 年间增加了 24 倍。期间，我国城市市辖区内的人口增速却总体上表现为下降趋势。其中，2007 年降至 10. 66% 的最低水平，到 2015 年也没有恢复至 1999 年的初始水平。然而，建成区面积增速却保持了绝大多数年份与人口增速相比较高的水平。进一步分析，建成区面积增速的线性趋势和城市人口增速的线性趋势相比较为平缓，说明伴随着房地产投资完成额的增加存在城市扩张失衡现象并有加重的趋势。

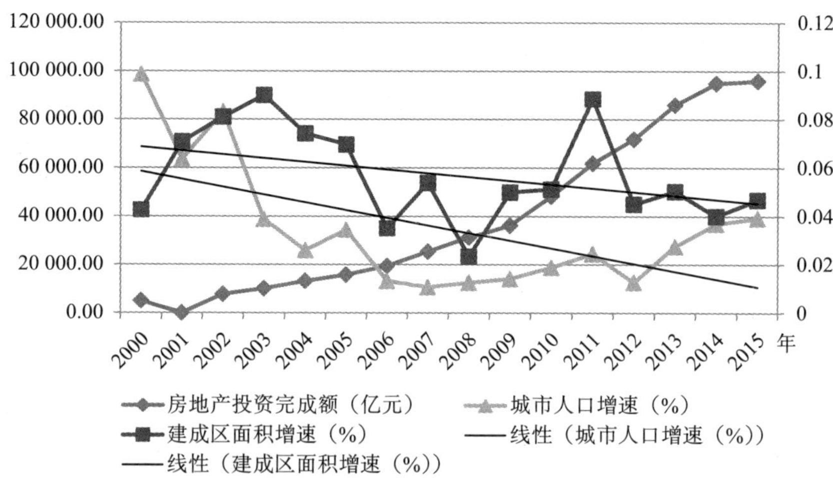

图 4－9　2000—2015 年我国房地产投资完成额与城市人口、建成区面积增速

资料来源：房地产投资完成额数据来自于《中国房地产统计年鉴》；城市人口增速根据《中国城市统计年鉴》中的地级及以上市辖区年末总人口计算而得。

4.4　本章小结

本章在结合文献研究成果的基础上，用建成区面积增速度量城市土地扩张，以描述土地城市化现象；在增速差异的基础上用建成区面积增速与城市人口增速之差度量城市土地扩张与人口扩张失衡，以描述土地城市化和人口城市化的差距。改革开放以来，我国城市经历了一个快速发展的阶段，城市土地规模和人口规模都经历了大幅度的扩张过程。但是，我国城市土地规模的扩张速度快于人口规模的扩张，存在城市扩张失衡现象。为了本书研究的方便和需要，本章主要使用房地产投资完成情况统计资料进行房地产开发水平的度量，度量指标为“房地产投资完成额”。随着房地产投资完成额的增加，我国存在城市扩张失衡现象并有加重的趋势。

第 5 章

房地产开发、城市土地扩张和城市扩张失衡

如前所述，本书关于城市扩张主要有两方面的内涵界定：一是城市土地扩张，主要是指城市建成区面积的扩张。二是城市扩张失衡，主要是指城市土地扩张和城市人口扩张的差距。根据本书第 3 章的阐述，地方政府公司化、房地产金融化和土地利用财政化是我国房地产开发影响城市扩张的主要背景。第 3 章通过建立房地产开发、城市土地扩张与经济增长关系模型，进行了房地产开发影响城市土地扩张的理论分析，证明了房地产开发对城市土地扩张影响的存在性，进而提出研究假说一：房地产开发影响城市扩张。同样，第 3 章通过建立与房地产企业形成利益联盟的地方政府的城市化决策模型，进行了房地产开发影响城市土地扩张与人口扩张失衡的理论分析，证明了房地产开发对城市土地扩张与人口扩张失衡影响的存在性，进而提出研究假说二：房地产开发影响城市土地扩张与人口扩张失衡。本章将通过实证分析分别检验研究假说一和研究假说二。

5.1　实证思路说明

自回归分布滞后（ARDL）模型通过引入因变量和自变量的滞后项考察变量之间的动态关系，可以变换成相应的误差修正（ECM）模型，分别考察经济变量之间影响的长期效应和短期效应（陈强，2017；Loayza 和 Ranciere，2006；Kim 和 Lin，2010；Kim、Lin 和 Suen，2010）。为了分析房地产开发对城市土地扩张及城市土地扩张与人口扩张失衡的影响，本章将建立面板自回归分布滞后（ARDL）模型并变换成为相应的面板误差修正（ECM）模型，采用混合组群平均（PMG）估计式（Yongcheol Shin 和 Richard Smith，1999）、传统固定效应（DFE）估计式以及组群平均（MG）估计式三种方法进行估计，并通过豪斯曼检验进行三种方法对应模型的筛选。对于大 N 大 T 型面板数据，当 T 不小于 20 时，面板自回归分布滞后（ARDL）模型及其面板误差修正（ECM）模型适用于零阶单整［I(0)］、一阶单整［I(1)］及两者兼有形态变量的情况（Pesaran、Yongcheol Shin

和 Richard Smith，1999；Loayza 和 Ranciere，2006）。

5.2 模型设定与变量说明

国内外相关文献对城市扩张影响因素的研究表明，城市收入水平（Brueckner 与 Fansler，1983；Brueckner，2000；洪世键等，2012）、交通条件（Brueckner 和 Fansler，1983；Brueckner，2000；萨夫迪，2001；卓莉等，2007；张帆，2012；洪世键等，2012；程玉鸿、卢婧，2016）和农地租金（Brueckner 和 Fansler，1983；Seto，2003）等因素均在一定程度上影响着城市扩张的进程。根据第 3 章中关于房地产开发影响城市扩张的理论分析以及城市扩张失衡现象的惯性，城市扩张不仅受到房地产投资活动、收入水平、交通条件和农地租金等因素的影响，而且受到这些因素的前期状况的影响。因此，本章建立面板自回归分布滞后（ARDL）模型（5.1），重点研究我国房地产开发对城市扩张的影响，相关变量的定义及说明详见表 5－1。

$$expan(0)_{it} = \sum_{j=1}^{p} \lambda_{ij}\, expan(0)_{i,t-j} + \sum_{j=0}^{q} \gamma_{ij}\, lndrinve_{i,t-j} + \sum_{j=0}^{m} \omega_{ij}\, lnagdps_{i,t-j} + \sum_{j=0}^{n} \delta_{ij}\, road_{i,t-j} + \sum_{j=0}^{s} \delta_{ij}\, bus_{i,t-j} + \sum_{j=0}^{v} \delta_{ij}\, agri_{i,t-j} + u_i + \varepsilon_{it} \quad (5.1)$$

其中，$i=1, 2, \cdots, N$，且 $t=1, 2, \cdots, T$。expan(0) 为被解释变量城市扩张系数，表示城市土地扩张系数 expan 或城市扩张失衡系数 expan0；lndrinve 为核心解释变量对数房地产开发投资；lnagdps 为按人口平均的地区实际生产总值对数值；road 为人均城市道路面积；bus 为每万人拥有的公共汽电车数；agri 为第一产业占 GDP 比重；u_i 为城市个体的固定效应；ε_{it} 为误差项；p、q、m、n、s 和 v 为滞后阶数。

然后，将式（5.1）改写为面板误差修正模型（ECM）如式（5.2）。

$$\Delta\, expan(0)_{it} = \varphi_i(expan(0)_{i,t-1} - \theta_i\, lnrinve_{it} - \eta_i\, lnagdps_{it} - \pi_i\, road_{it}$$

$$- a_i\ bus_{it} - b_i\ agri_{it}) + \sum_{j=1}^{p-1} \lambda_{ij}^{*} \Delta expan(0)_{i,t-j} + \sum_{j=0}^{q-1} \gamma_{ij}^{*} \Delta lnrinve_{i,t-j} + \sum_{j=0}^{m-1} \omega_{ij}^{*} \Delta lnagdps_{i,t-j} + \sum_{j=0}^{n-1} \delta_{ij}^{*} \Delta road_{i,t-j} + \sum_{j=0}^{s-1} c_{ij}^{*} \Delta bus_{i,t-j} + \sum_{j=0}^{v-1} d_{ij}^{*} \Delta agri_{i,t-j} + u_i + \varepsilon_{it} \quad (5.2)$$

其中，$\Delta expan(0)_{it} = expan(0)_{it} - expan(0)_{i,t-1}$，$\Delta lnrinve_{it} = lnrinve_{it} - lnrinve_{i,t-1}$，$\Delta lnagdps_{it} = lnagdps_{it} - lnagdps_{i,t-1}$，$\Delta road_{it} = road_{it} - road_{i,t-1}$，$\Delta bus_{it} = bus_{it} - bus_{i,t-1}$，$\Delta agri_{it} = agri_{it} - agri_{i,t-1}$。另外，$\varphi_i$ 为误差修正系数；θ_i、η_i、π_i、a_i 和 b_i 为长期影响系数，$[expan(0)_{i,t-1} - \theta_i\ lnrinve_{it} - \eta_i ln\ agdps_{it} - \pi_i\ road_{it} - a_i\ bus_{it} - b_i\ agri_{it}]$ 表示长期关系；$\Delta expan(0)$ 与 $\left[\sum_{j=1}^{p-1} \lambda_{ij}^{*}\ \Delta expan(0)_{i,t-j} + \sum_{j=0}^{q-1} \gamma_{ij}^{*} \Delta lnrinve_{i,t-j} + \sum_{j=0}^{m-1} \omega_{ij}^{*} \Delta lnagdps_{i,t-j} + \sum_{j=0}^{n-1} \delta_{ij}^{*} \Delta road_{i,t-j} + \sum_{j=0}^{s-1} c_{ij}^{*} \Delta bus_{i,t-j} + \sum_{j=0}^{v-1} d_{ij}^{*} \Delta agri_{i,t-j}\right]$的关系表示短期关系，$j = 1, \cdots, p-1$（或 $q-1, m-1, n-1, s-1, v-1$）。这里，预期 φ_i 显著为负。

表 5－1　变量的定义及说明

变量类型	变量名称	变量定义	变量说明
被解释变量	expan（0）	城市扩张系数	建成区面积增速（城市土地扩张系数 expan）或建成区面积增速与人口增速之差（城市扩张失衡系数 expan0）
核心解释变量	lndrinve	对数房地产投资额	本年完成投资额的对数值
控制变量	agdps	人均地区实际生产总值	按人口平均的地区实际生产总值
	road	交通基础设施水平	人均城市道路面积
	bus	通勤成本	每万人拥有的公共汽电车数
	agri	第一产业发展水平	第一产业产值占 GDP 的比重

被解释变量包括两种情况。一是城市土地扩张系数 expan 。沿用李效顺、曲福田、陈友偲和牟守国（2012）的做法，用城市土地扩张来衡量城市扩张的程度，即土地城市化的速度，由城市建成区面积增速表示。若 expan > 0，则表明城市土地城市化的速度大于 0，城市建成区面积增加；

若 expan < 0，则表明城市土地城市化的速度小于 0，城市建成区面积减小；若 expan = 0，则表明城市土地城市化的速度等于 0，城市建成区面积不变。城市扩张系数 expan 的值越大，说明土地城市化的速度越快，城市建成区面积增加越快。根据第 4 章所述，城市扩张系数 expan 根据公式（4.1）基于城市建成区面积计算。二是城市土地扩张与人口扩张失衡系数 expan0 。沿用王佳（2017）的做法，用城市扩张失衡系数 expan0 来衡量城市土地扩张与人口扩张失衡的程度，即土地城市化和人口城市化的不协调程度，由城市建成区面积增速与市辖区人口增速的差值表示。若 expan0 > 0，则表明城市土地城市化的速度快于人口城市化的速度；若 expan0 < 0，则表明城市土地城市化的速度慢于人口城市化的速度；若 expan0 = 0，则表明城市土地城市化的速度与人口城市化的速度相同。城市扩张失衡系数 expan0 的值越大，说明土地城市化越是超前于人口城市化，亦即人口城市化越是滞后于土地城市化。由于常住人口数据连续性所限，根据第 4 章所述，城市扩张失衡系数 expan0 根据公式（4.2）基于城市建成区面积和户籍人口数据计算。

房地产投资额 lndrinve 是核心解释变量，表示城市本年完成房地产投资总额的对数值。在 Harvey 和 Clark（1965）、苏建忠等（2005）、冯科等（2009）和洪世键等（2012）研究的基础上，以期进一步分析城市房地产投资活动对城市扩张的影响。drinve 是进行了价格平减之后的房地产投资额（本书中与价格有关的变量均进行了以国内生产总值平减指数为基础的价格平减）。

为了控制其他因素对城市扩张的影响，本书基于城市扩张在收入水平（Brueckner 与 Fansler，1983；Brueckner，2000；洪世键等，2012）、交通条件（Brueckner 与 Fansler，1983；Brueckner，2000；萨夫迪，2001；卓莉等，2007；张帆，2012；洪世键等，2012；程玉鸿、卢婧，2016）和农地租金（Brueckner 与 Fansler，1983；Seto，2003）等方面影响研究成果的基础上，引入了相应的控制变量。其中，城市收入水平由人均地区实际生产总值对数值 lnagdps 作为代理变量，表示按人口平均的城市地区的实际生产总值；城市交通条件由交通基础设施水平 road 和通勤成本 bus 作为代理变量，分别表示人均城市道路面积和每万人拥有的公共汽电车数；农地租金由第一产业发展水平 agri 作为代理变量，取值于第一产业占 GDP 的比重。

5.3　数据来源与主要变量描述

5.3.1　数据来源说明

本部分采用的数据为 1997—2016 年我国 35 个大中城市的面板数据，N = 35，T = 20。考虑数据获得的可能性，与不少文献的做法一样，采用户籍人口数据度量和研究我国城市扩张失衡的问题（王家庭、张俊韬，2010；王家庭、赵丽，2013；孙哲、王家庭，2014；曹清峰、王家庭，2014；王家庭，、张邓斓和赵丽，2015；王家庭、张邓斓、孙哲，2015；王家庭、张邓斓和陈天烨等，2015；王家庭等，2016；王家庭、谢郁和卢星辰等，2017；王家庭、毛文峰和臧家新等，2017；王家庭、臧家新和卢星辰等，2018；王家庭和蔡思远，2018；王家庭、蔡思远和李艳旭等，2018）。城市建成区面积 scity 和城市户籍人口 popul 数据均来自《中国城市统计年鉴》。房地产投资额 drinve 来自于《中国房地产统计年鉴》的本年完成投资额数据。房地产投资额数据经过基于国内生产总值平减指数的价格平减得到。国内生产总值平减指数（2000 年为基期）基于以 1978 年为基期的国内生产总值平减指数计算得到（见表 5 - 2 和表 5 - 3），后者来源于前瞻数据库（http：//d. qianzhan. com）。人均地区实际生产总值 agdps 由名义地区生产总值 gdpm 经价格平减和按年末人口平均计算得到。为了保证统计口径的一致性，名义地区生产总值 gdpm 和年末人口 popul 均来自于《中国城市统计年鉴》的市辖区数据。人均城市道路面积 road 和每万人拥有的公共汽电车 bus 数据均来自于《中国城市统计年鉴》的市辖区数据，其中，2016 年数据缺失，由近 3 年趋势值替代：基于前 3 年的数据计算。第一产业产值占 GDP 的比重 agri 来自于《中国城市统计年鉴》的市辖区数据，其中，2016 年的数据为第一产业产值占 GDP 的比重。

表 5-2　1997—2016 年国内生产总值平减指数（基期：1978 年）

年份	1997	1998	1999	2000	2001	2002	2003
平减指数	358.74	355.55	351.02	358.15	365.52	367.72	377.21
年份	2004	2005	2006	2007	2008	2009	2010
平减指数	403.35	419.16	435.13	468.35	501.65	534.95	576.46
年份	2011	2012	2013	2014	2015	2016	
平减指数	587.62	618.5	623.33	575.42	539.41	501.65	

表 5-3　1997—2016 年国内生产总值平减指数（基期：2000 年）

年份	1997	1998	1999	2000	2001	2002	2003
平减指数	100.16	99.27	98.01	100.00	102.06	102.67	105.32
年份	2004	2005	2006	2007	2008	2009	2010
平减指数	112.62	117.03	121.49	130.77	140.07	149.36	160.95
年份	2011	2012	2013	2014	2015	2016	
平减指数	164.07	172.69	174.04	160.66	150.61	140.07	

注：表 5-2 数据来自前瞻数据库 http://d.qianzhan.com；表 5-3 数据根据表 5-2 计算。

5.3.2 主要变量描述

被解释变量城市土地扩张系数 expan 和城市扩张失衡系数 expan0 与核心解释变量对数房地产投资 lndrinve 的趋势图如图 5-1 和图 5-2 所示。由图 5-1 和图 5-2 可知，我国城市扩张系数 expan 和城市扩张失衡系数 expan0 与对数房地产投资 lndrinve 表现出大致相同的增长趋势。但是，从趋势判断变量之间的相关关系尚为粗浅，有待进一步分析两者的关系。

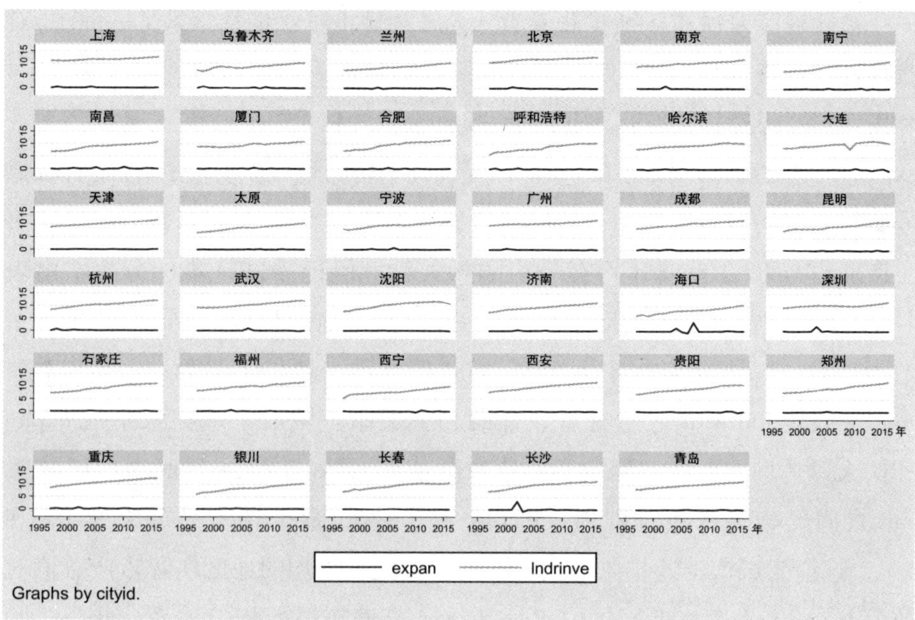

图 5－1　1997—2016 年 35 个大中城市土地扩张系数和对数房地产投资

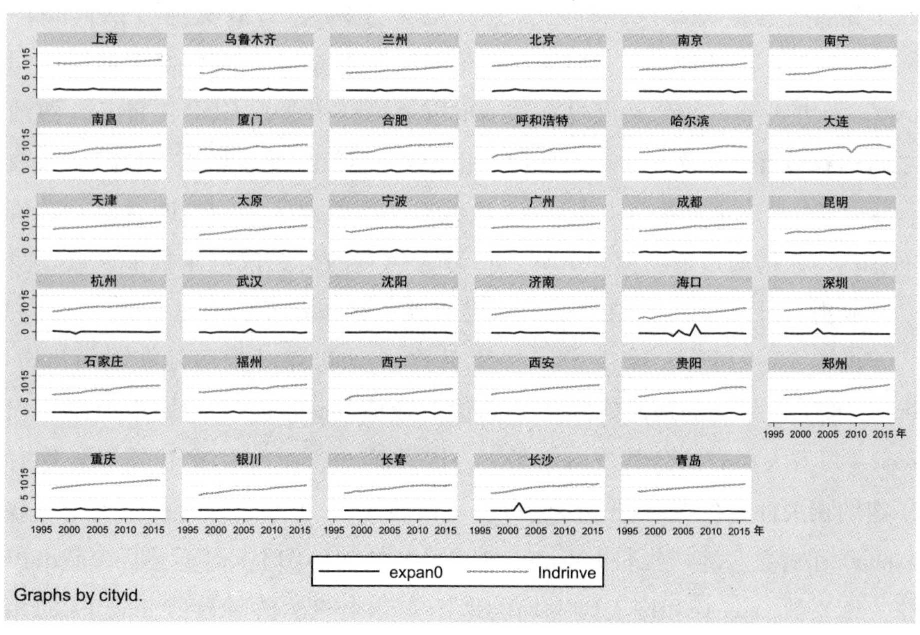

图 5－2　1997—2016 年 35 个大中城市扩张失衡系数和对数房地产投资

被解释变量城市土地扩张系数 expan 和城市扩张失衡系数 expan0 与对数房地产投资 lndrinve 等解释变量的散点图和相关系数如图 5 –3、图 5 –4 和表 5 –4、表 5 –5 所示。由图 5 – 3 和表 5 – 4 可知，城市土地扩张系数 expan 和对数房地产投资 lndrinve、按人口平均的地区实际生产总值对数值 lnagdps、人均城市道路面积 road、每万人拥有的公共汽电车数 bus 以及第一产业占 GDP 比重 agri 均有一定的相关性，但仍需进一步的分析。由表 5 –4 可知，城市土地扩张系数 expan 和对数房地产投资 lndrinve 的相关系数为 –0. 137，显著性水平为 5%，这说明城市土地扩张系数 expan 和对数房地产投资 lndrinve 之间有着较强的相关关系。城市土地扩张系数 expan 和按人口平均的地区实际生产总值对数值 lnagdps 及第一产业占 GDP 比重 agri 之间的相关系数分别为 –0. 146 和 0. 136，显著性水平分别为 1% 和 5%，这说明城市土地扩张系数 expan 和按人口平均的地区实际生产总值对数值 lnagdps 及第一产业占 GDP 比重 agri 有着较强的相关关系。此外，除了对数房地产投资 lndrinve 和每万人拥有的公共汽电车数 bus 之间的相关性不显著之外，每万人拥有的公共汽电车数 bus、对数房地产投资 lndrinve、按人口平均的地区实际生产总值对数值 lnagdps、人均城市道路面积 road、每万人拥有的公共汽电车数 bus 以及第一产业占 GDP 比重 agri 两两之间均有显著性水平为 1% 或 5% 的相关性。尽管如此，城市土地扩张系数 expan 和对数房地产投资 lndrinve、按人口平均的地区实际生产总值对数值 lnagdps、人均城市道路面积 road、每万人拥有的公共汽电车数 bus 以及第一产业占 GDP 比重 agri 之间的关系仍需进一步分析。

由表 5 –4 可知，城市扩张失衡系数 expan0 和对数房地产投资 lndrinve、按人口平均的地区实际生产总值对数值 lnagdps、人均城市道路面积 road、每万人拥有的公共汽电车数 bus 以及第一产业占 GDP 比重 agri 均有一定的相关性，但仍需进一步的分析。由表 5 –5 可知，城市扩张失衡系数 expan0 和对数房地产投资 lndrinve 的相关系数为 0. 013，但不显著；城市扩张失衡系数 expan0 和按人口平均的地区实际生产总值对数值 lnagdps 的相关系数为 0. 023，但不显著；城市扩张失衡系数 expan0 和人均城市道路面积 road 的相关系数为 0. 056，但不显著；城市扩张失衡系数 expan0 和每万人拥有的公共汽电车数 bus 的相关系数为 0.064，显著性水平为 10%；城市扩张失衡系数 expan0 和第一产业占 GDP 比重 agri 的相关系数为 -0.044，但不显著。但是，对数房地产投资 lndrinve、按人口平均的地区实际生产总值 agdps、人均城市道路面积 road、每万人拥有的公共汽电车数 bus 以及第一产业占 GDP 比重 agri 几个变量之间的两两相关关系均在 1% 的显著性水平下显著。因此，需要进一步分析城市扩张失衡系数 expan0 和对数房地产投资 lndrinve 等解释变量之间的关系。

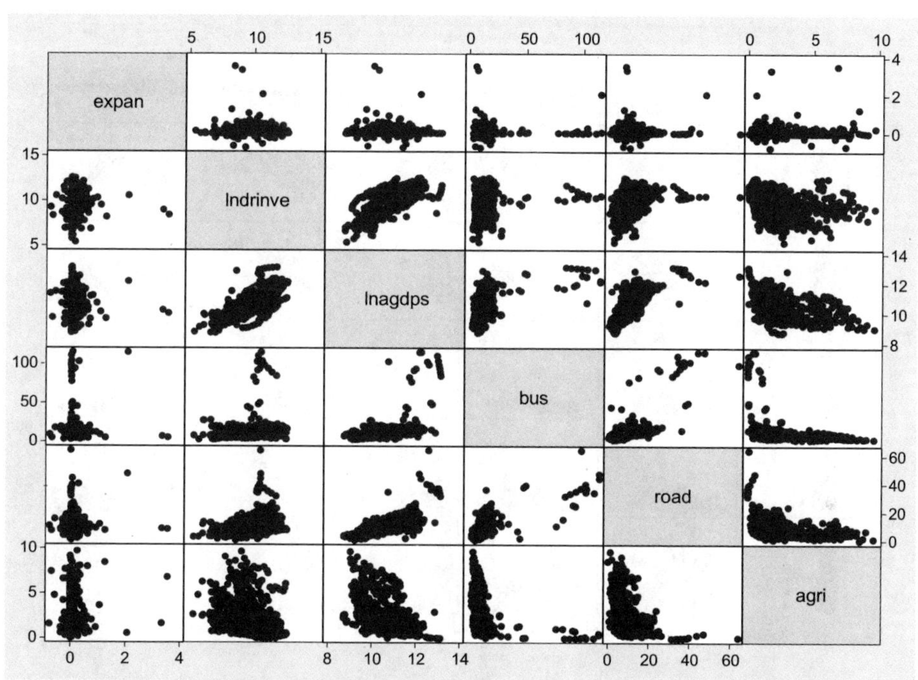

图 5-3 被解释变量城市土地扩张系数和主要解释变量的散点图

表 5-4 被解释变量城市土地扩张系数和主要解释变量的相关系数表

相关系数及显著性	expan	lndrinve	lnagdps	road	bus	agri
expan	1.000					
lndrinve	-0.137**	1.000				
lnagdps	-0.146***	0.552***	1.000			

续表

相关系数及显著性	expan	lndrinve	lnagdps	road	bus	agri
road	-0.065	0.069	0.481 ***	1.000		
bus	-0.060	0.121 **	0.592 ***	0.629 ***	1.000	
agri	0.136 **	-0.147 ***	-0.441 ***	-0.309 ***	-0.313 ***	1.000

注：***、**、*分别表示1%、5%和10%的显著性水平。

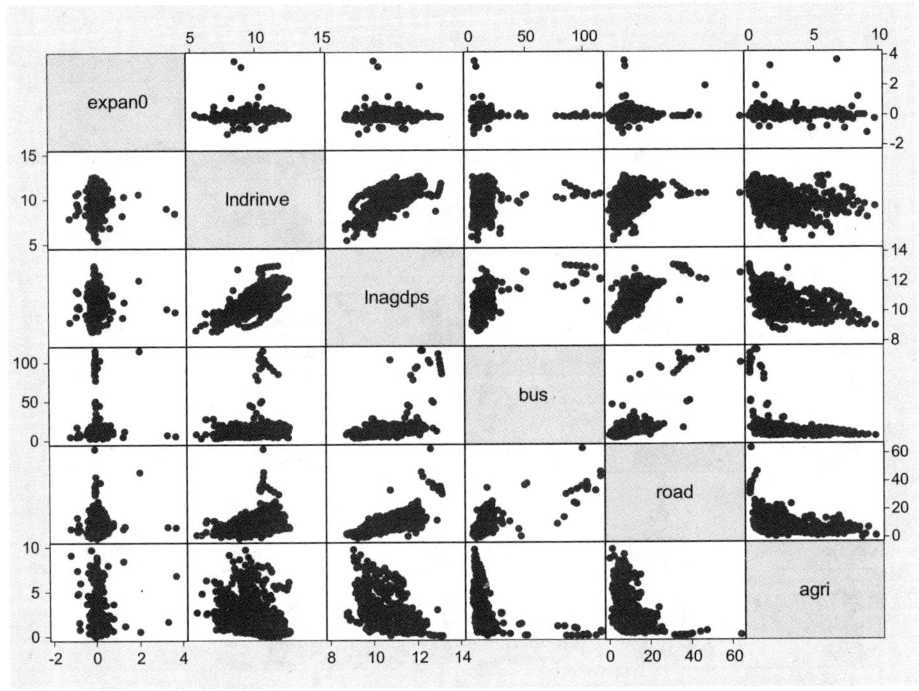

图5-4　被解释变量城市扩张失衡系数和主要解释变量的散点图

表5-5　被解释变量城市扩张失衡系数和主要解释变量的相关系数表

相关系数及显著性	expan0	lndrinve	lnagdps	road	bus	agri
expan0	1.000					
lndrinve	0.013	1.000				
lnagdps	0.023	0.778 ***	1.000			
road	0.056	0.210 ***	0.465 ***	1.000		

续表

相关系数及显著性	expan0	lndrinve	lnagdps	road	bus	agri
bus	0. 064 *	0. 441 ***	0. 712 ***	0. 670 ***	1. 000	
agri	-0. 044	-0. 291 ***	-0. 510 ***	-0. 330 ***	-0. 432 ***	1. 000

注：***、**、*分别表示 1%、5% 和 10% 的显著性水平。

被解释变量城市土地扩张系数 expan 和城市扩张失衡系数 expan0 与对数房地产投资 lndrinve 等解释变量的描述统计结果详见表 5-6。由表 5-6 可知，城市土地扩张系数 expan 的样本数量为 700，平均值为 0. 0790086，标准差为 0. 2429291，最小值为 -0. 7571942，最大值为 3. 55；城市扩张失衡系数 expan0 的样本数量为 700，平均值为 0. 0402993，标准差为 0. 262695，最小值为 -1. 178929，最大值为 3. 684367；对数房地产投资 lndrinve 的样本数量为 700，平均值为 9. 759408，标准差为 1. 377643，最小值为 5. 398688，最大值为 12. 56239；人均地区实际生产总值对数值 lnagdps 的样本数量为 700，平均值为 10. 75817，标准差为 0. 8574371，最小值为 8. 734554，最大值为 13. 13489；人均城市道路面积 road 的样本数量为 700，平均值为 10. 57424，标准差为 6. 468794，最小值为 0. 18，最大值为 64；每万人拥有的公共汽电车 bus 的样本数量为 700，平均值为 14. 1282，标准差为 13. 49665，最小值为 3. 05，最大值为 115；第一产业占 GDP 的比重 agri 的样本数量为 700，平均值为 2. 431929，标准差为 1. 869136，最小值为 0. 03，最大值为 9. 7。

表 5-6　　主要变量的描述统计结果

变量名称	平均值	标准差	最小值	最大值	样本数量
expan	0. 0790086	0. 2429291	-0. 7571942	3. 55	700
expan0	0. 0402993	0. 262695	-1. 178929	3. 684367	700
lndrinve	9. 759408	1. 377643	5. 398688	12. 56239	700
lnagdps	10. 75817	0. 8574371	8. 734554	13. 13489	700
road	10. 57424	6. 468794	0. 18	64	700
bus	14. 1282	13. 49665	3. 05	115	700
agri	2. 431929	1. 869136	0. 03	9. 7	700

5.4 面板数据单位根检验

对于大 N、大 T 型面板数据，当 T 不小于 20 时，面板自回归分布滞后（ARDL）模型及其面板误差修正（ECM）模型适用于零阶单整［I(0)］、一阶单整［I(1)］及两者兼有形态变量的情况（Pesaran、Yongcheol Shin 和 Richard Smith，1999；Loayza 和 Ranciere，2006）。为了考察数据的平稳性，需要对所涉及的面板数据进行单位根检验，本部分单位根检验的具体结果详见表 5－7。

表 5－7　　面板数据单位根检验的结果

变量名称	LLC 检验	IPS 检验	Fisher－ADF 检验	Fisher－PP 检验	Hadri LM 检验	检验结果
expan	－16.5076*** (0.0000)	－8.0973*** (0.0000)	240.4028*** (0.0000)	685.6911*** (0.0000)	0.1914 (0.4241)	平稳 I(0)
expan0	－5.8467*** (0.0000)	－7.3264*** (0.0000)	260.5337*** (0.0000)	852.4460*** (0.0000)	－1.5259 0.9365	平稳 I(0)
lndrinve	－0.3050 (0.3802)	－0.9414 (0.1733)	99.7839* (0.0112)	128.5071*** (0.0000)	8.3554*** (0.0000)	不平稳 I(1)
Δlndrinve	－4.9701*** (0.0000)	－7.3281*** (0.0000)	245.8246*** (0.0000)	549.6968*** (0.0000)	2.9060*** (0.0018)	平稳
lnagdps	0.1632 (0.5648)	1.0226 (0.8468)	74.0479 (0.3476)	187.3911*** (0.0000)	21.5656*** (0.0000)	不平稳 I(1)
Δlnagdps	－11.4732*** (0.0000)	－9.6044*** (0.0000)	243.8732*** (0.0000)	924.2849*** (0.0000)	0.8690 (0.1924)	平稳
road	0.0243 (0.5097)	1.4447 (0.9257)	48.1425 (0.9786)	89.4868* (0.0582)	21.7519*** (0.0000)	不平稳 I(0)
Δroad	－10.7445*** (0.0000)	－8.3071*** (0.0000)	236.2211*** (0.0000)	759.9113*** (0.0000)	1.9412*** (0.0261)	平稳

续表

变量名称	LLC 检验	IPS 检验	Fisher – ADF 检验	Fisher – PP 检验	Hadri LM 检验	检验结果
bus	−1. 3984*	−1. 4111*	204. 8226***	117. 0729***	2. 2876**	平稳
	(0. 0810)	(0. 0791)	(0. 0000)	(0. 0000)	(0. 0111)	I(0)
agri	−4. 0043***	−1. 8228**	211. 7076***	112. 7049***	19. 8238***	平稳
	(0. 0000)	(0. 0342)	(0. 0000)	(0. 0009)	(0. 0000)	I(0)

注：括弧中的数据是相应的显著性的 P 值，* 表示 $p<0.1$，** 表示 $p<0.05$，*** 表示 $p<0.01$，相应的显著性表示在统计量下方。

5.5　估计方法与思路

对于面板自回归分布滞后（ARDL）模型 5.1 和面板误差修正模型（ECM）5.2 之类的动态模型，文献中有不同的估计方法。一个极端的做法是，假设除了常数项 u_i（固定效应）之外，其他的参数（或斜率）都相同，进而使用传统的固定效应估计式（FE）。另一个极端的做法是，假设包括常数项 u_i 在内的所有参数（或斜率）都不相同，进而针对每一个个体进行回归分析。但是，Pesaran 和 Smith（1995）所提出的组群平均（Mean Group，MG）估计式较受学者们欢迎。另外，Pesaran、Yongcheol Shin 和 Richard Smith（1999）进一步提出了混合组群平均（Pooled Mean Group，PMG）估计式，假设不同组群的长期参数相同而短期参数和常数项不同。其中，其关于不同组群的长期参数相同的假设与宏观环境的共同影响现实较为一致。由于模型（5.2）的非线性性质，Pesaran、Yongcheol Shin 和 Richard Smith（1999）建议用极大似然法进行估计。可以说，三种方法对模型参数的限制有所不同，混合组群平均（PMG）估计假设各截面的长期均衡关系的系数都相等、误差修正速度和短期动态调整系数具有截面异质性；组群平均（MG）估计假设各截面的长期和短期系数均随个体变动并且具有完全的截面异质性；传统固定效应估计（FE）假设各截面具有相同的长期和短期系数，但有不同的截距项，即个体效应，考虑截面的异质性。本部分分别使用混合组群平均（PMG）估计式、组群平均（MG）估计式以及传统固定效应（DFE）估计式三种方法进行模型（5.2）的估计，并用豪斯曼检验方法进行模型筛选。

5.6 实证结果与分析

5.6.1 房地产开发对城市土地扩张的影响

本部分采用混合组群平均（PMG）估计式、组群平均（MG）估计式以及传统固定效应（DFE）估计式三种方法进行模型（5.2）以城市土地扩张系数 expan 为被解释变量的情形的估计，结果详见表 5－8 和表 5－9。

表 5－8　　房地产开发影响城市土地扩张的估计结果

系数类型	系数	PMG	MG	DFE
误差修正系数	φ	－1.083***	－1.281***	－1.225***
		(－21.22)	(－21.91)	(－30.97)
长期影响系数 θ	lndrinve	－10.98***	0.0916**	0.0561***
		(－5.83)	－2.14	－2.82
长期影响系数 η	lnagdps	－0.0799***	－0.243**	－0.108***
		(－4.11)	(－2.01)	(－3.32)
长期影响系数 π	road	0.00248	0.00485	0.00457
		－1.12	－0.68	－1.54
长期影响系数 a	bus	－0.00564***	－0.00609	0.000131
		(－3.19)	(－0.61)	－0.07
长期影响系数 b	agri	－0.00435	0.00369	0.00643
		(－0.65)	－0.11	－0.63

续表

系数类型	系数	PMG	MG	DFE
短期影响系数	D. lndrinve	11.96***	0.107*	0.0688***
		(−21.23)	(−1.9)	(−2.82)
	D. lnagdps	0.15	0.31	0.110**
		(−0.86)	(−1.07)	(−2.1)
	D. road	0.00458	0.00501	0.00947**
		(−0.66)	(−0.65)	(−2.19)
	D. bus	−0.00469	0.00223	0.000352
		(−0.69)	(−0.22)	(−0.14)
	D. agri	−0.13	−0.122	−0.00619
		(−1.06)	(−1.06)	(−0.35)
	0.754***	_cons	0.412***	1.409*
		(−3.03)	(−1.68)	(−2.8)
观测值	N	665	665	665

注：变量系数下方括弧中的数字为对应的 t 值，* 表示 $p<0.1$，** 表示 $p<0.05$，*** 表示 $p<0.01$。

表 5－9　房地产开发影响城市土地扩张估计的豪斯曼检验结果

	PMG 和 MG	PMG 和 DFE	MG 和 DFE
chi2	29.59	368.30	5.35
Prob > chi2	0.0000	0.0000	0.3751
建议选择	MG	DFE	MG

由表 5－8 可知，就误差修正调整系数 φ 而言，混合组群平均（PMG）、组群平均（MG）和传统固定效应（DFE）估计式三种估计方法估计的误差修正系数分别为 −1.083、−1.281 和 −1.225，并且均在 1% 的显著性水平下显著，这说明，存在显著的误差修正机制。

就影响城市土地扩张的长期效应而言，混合组群平均（PMG）、组群平均（MG）和传统固定效应（DFE）估计式三种估计方法估计的对数房地产投资额 dlndrinve 对城市土地扩张系数 expan 的长期影响系数分别为 −10.98、0.0916 和 0.0561，分别在 1%、5% 和 1% 的显著性水平下显著。这说明，房地产投资活动对城市土地扩张有显著的影响。此外，按人口平均的地区实际生产总值对数值 lnagdps 的长期影响系数 η 三种估计方法估计的系数估计值分别为 -0.0799、-0.243 和 -0.108，分别在 1%、5% 和 1% 的显著性水平下显著。这说明，人均收入水平对城市土地扩张有显著的影响。人均城市道路面积 road 的长期影响系数 π 三种估计方法估计的系数估计值分别为 0.00248、0.00485 和 0.00457，均不显著，这说明，人均城市道路面积 road 对城市土地扩张的长期影响不显著。每万人拥有的公共汽电车数 bus 的长期影响系数 a 三种估计方法估计的系数估计值分别为 -0.00564、-0.00609 和 0.000131，除了混合组群平均（PMG）估计式估计结果在 1% 的显著性水平之下显著之外，组群平均（MG）估计式和传统固定效应（DFE）估计式估计结果均不显著，这说明，每万人拥有的公共汽电车数对城市土地扩张有一定的长期抑制作用，与预期作用方向相反。第一产业占 GDP 比重 agri 的长期影响系数 b 三种估计方法估计的系数估计值分别为 -0.00435、0.00369 和 0.00643，均不显著。这说明，第一产业占 GDP 比重 agri 对城市土地扩张的长期影响不显著。

就影响城市土地扩张的短期效应而言，混合组群平均（PMG）、组群平均（MG）和传统固定效应（DFE）估计式三种估计方法估计的对数房地产投资额 dlndrinve 对城市土地扩张系数 expan 的短期影响系数分别为 11.96、0.107 和 0.0688，分别在 1%、10% 和 1% 的显著性水平下显著。这说明，房地产投资活动对城市土地扩张有显著的短期正向影响。此外，按人口平均的地区实际生产总值对数值 lnagdps 的短期影响系数三种估计方法估计的系数估计值分别为 0.15、0.31 和 0.11，只有传统固定效应（DFE）估计结果在 5% 的显著性水平下显著，这说明，人口平均的地区实际生产总值的增加对城市土地扩张有显著的短期推动作用；人均城市道路面积 road 的短期影响系数三种估计方法估计的系数估计值分别为 0.00458、0.00501 和 0.00947，只有传统固定效应（DFE）估计结果在 5% 的显著性水平下显著，这说明，人均城市道路面积 road 对城市土地扩张有显著的短期推动作用。每万人拥有的公共汽电车数 bus 的短期影响系数三种估计方法估计的系数估计值分别为 -0.00469、0.00223 和 0.000352，均不显著，这说明，每万人拥有的公共汽电车数对城市土地扩张的短期影响不显著。

第一产业占 GDP 比重 agri 的长期影响系数三种估计方法估计的系数估计值分别为 -0.13、-0.122 和 -0.00619，均不显著，这说明，第一产业占 GDP 比重 agri 对城市土地扩张的短期影响不显著。

由表 5-9 可知，关于混合组群平均（PMG）估计式和组群平均（MG）估计式的豪斯曼的检验结果拒绝了原假设，应该优先选择组群平均（MG）估计式。关于混合组群平均（PMG）估计式和传统固定效应（DFE）估计式的豪斯曼的检验结果拒绝了原假设，应该优先选择传统固定效应（DFE）估计式。关于组群平均（MG）估计式和传统固定效应（DFE）估计式的豪斯曼的检验结果接受了原假设，应该优先选择组群平均（MG）估计式。因此，模型（5.2）以城市土地扩张系数 expan 为被解释变量的情形的估计应该最后选择组群平均（MG）估计式的估计结果。

根据最后选择的组群平均（MG）估计式的估计结果，对数房地产投资额 dlndrinve 对城市土地扩张系数 expan 的长期影响系数和短期影响系数分别为 0.0916 和 0.107，分别在 5% 和 10% 的显著性水平之下显著。这说明，房地产开发对城市土地扩张有着显著的长期正向影响效应和短期正向影响效应。从而验证了研究假说一：房地产开发影响城市土地扩张。

5.6.2　房地产开发对城市扩张失衡的影响

本部分采用混合组群平均（PMG）估计式、组群平均（MG）估计式以及传统固定效应（DFE）估计式三种方法进行模型（5.2）以城市扩张失衡系数 expan0 为被解释变量的情形的估计，结果详见表 5-10 和表 5-11。

表 5-10　　房地产开发影响城市扩张失衡的估计结果

系数类型	系数	PMG	MG	DFE
误差修正系数	φ	-1.139*** (-31.18)	-1.258*** (-27.19)	-1.236** (-33.41)
长期影响系数 θ	lndrinve	-4.829*** (-6.44)	0.0774** (1.97)	0.0416** (2.06)

续表

系数类型	系数	PMG	MG	DFE
长期影响系数 η	lnagdps	-0.0756*** (-4.01)	-0.180 (-1.53)	-0.0711** (-2.15)
长期影响系数 π	road	-0.000693 (-0.34)	-0.00109 (-0.15)	0.00435 (1.44)
长期影响系数 a	bus	-0.00398** (-2.18)	0.000211 (0.02)	-0.000580 (-0.32)
长期影响系数 b	agri	-0.00207 (-0.33)	-0.00333 (-0.11)	-0.000316 (-0.03)
短期影响系数	D. lndrinve	5.583*** (31.10)	0.0889* (1.84)	0.0514** (2.06)
	D. lnagdps	0.437*** (2.61)	0.560* (1.92)	0.198*** (3.73)
	D. road	0.0116* (1.72)	0.0130 (1.54)	0.0124*** (2.80)
	D. bus	-0.000357 (-0.05)	0.00629 (0.61)	0.00326 (1.30)
	D. agri	-0.184 (-1.59)	-0.163 (-1.47)	-0.108*** (-5.94)
	_cons	0.152 (1.27)	0.856 (1.08)	0.411 (1.50)
观测值	N	665	665	665

注：变量系数下方括弧中的数字为对应的 t 值，* 表示 $p<0.1$，** 表示 $p<0.05$，*** 表示 $p<0.01$。

表 5-11　房地产开发影响城市扩张失衡估计的豪斯曼检验结果

	PMG 和 MG	PMG 和 DFE	MG 和 DFE
chi2	40.98	129.86	5.78
Prob > chi2	0.0000	0.0000	0.3281
建议选择	MG	DFE	MG

由表 5-10 可知，就误差修正调整系数 φ 而言，混合组群平均（PMG）、组群平均（MG）和传统固定效应（DFE）估计式三种方法估计

的误差修正系数分别为 -1.139、-1.258 和 -1.236，并且均在 1% 的显著性水平下显著，这说明，存在显著的误差修正机制。

就影响城市扩张失衡的长期效应而言，混合组群平均（PMG）、组群平均（MG）和传统固定效应（DFE）估计式三种估计方法估计的对数房地产投资额 dlndrinve 对城市扩张失衡系数 expan0 的长期影响系数分别为 -4.829、0.0774 和 0.0416，分别在 1%、10% 和 10% 的显著性水平下显著。这说明，房地产投资活动对城市扩张失衡现象有显著的长期推动作用。此外，按人口平均的地区实际生产总值对数值 lnagdps 的长期影响系数 η 三种估计方法估计的系数估计值分别为 -0.0756、-0.180 和 -0.0711，除了组群平均（MG）估计式估计结果不显著之外，混合组群平均（PMG）估计式和传统固定效应（DFE）估计式估计结果分别在 1% 和 5% 的显著性水平下显著，这说明增加按人口平均的地区实际生产总值对城市扩张失衡有一定的长期抑制作用，与预期作用方向相反，这是因为真实的经济增长有利于经济社会的均衡发展，对城市扩张失衡可能有一定的抑制作用；人均城市道路面积 road 的长期影响系数 π 三种估计方法估计的系数估计值分别为 -0.000693、-0.00109 和 0.00435，均不显著，这说明，人均城市道路面积 road 对扩张失衡的长期影响不显著。每万人拥有的公共汽电车数 bus 的长期影响系数 a 三种估计方法估计的系数估计值分别为 -0.00398、0.000211 和 -0.000580，除了混合组群平均（PMG）估计式估计结果在 5% 的显著性水平之下显著之外，组群平均（MG）估计式和传统固定效应（DFE）估计式估计结果均不显著，这说明，每万人拥有的公共汽电车数对城市扩张失衡有一定的长期抑制作用，与预期作用方向相反。第一产业占 GDP 比重 agri 的长期影响系数 b 三种估计方法估计的系数估计值分别为 -0.00207、-0.00333 和 -0.000316，均不显著。这说明，第一产业占 GDP 比重 agri 对城市扩张失衡的长期影响不显著。

就影响城市扩张失衡的短期效应而言，混合组群平均（PMG）、组群平均（MG）和传统固定效应（DFE）估计式三种估计方法估计的对数房地产投资额 dlndrinve 对城市扩张失衡系数 expan0 的短期影响系数分别为 5.583、0.0889 和 0.0514，分别在 1%、10% 和 5% 的显著性水平下显著。

这说明，房地产投资活动对城市扩张失衡现象有显著的短期正向影响。此外，按人口平均的地区实际生产总值对数值 lnagdps 的短期影响系数三种估计方法估计的系数估计值分别为 0.437、0.560 和 0.198，分别在 1%、10% 和 1% 的显著性水平下显著，这说明，人口平均的地区实际生产总值的增加对城市扩张失衡有一定的短期作用；人均城市道路面积 road 的短期影响系数三种估计方法估计的系数估计值分别为 0.0116、0.0130 和 0.012，组群平均（PMG）估计式和传统固定效应（DFE）估计式估计结果在 10% 和 1% 的显著性水平下显著，组群平均（MG）估计结果不显著，这说明，人均城市道路面积 road 对扩张失衡的短期影响有一定的显著性。每万人拥有的公共汽电车数 bus 的短期影响系数三种估计方法估计的系数估计值分别为 -0.000357、0.00629 和 0.00326，均不显著，这说明，每万人拥有的公共汽电车数对城市扩张失衡的短期影响不显著。第一产业占 GDP 比重 agri 的长期影响系数三种估计方法估计的系数估计值分别为 -0.184、-0.163 和 -0.108，传统固定效应（DFE）估计式估计结果在 1% 的显著性水平下显著。这说明，第一产业占 GDP 比重 agri 对城市扩张失衡的短期影响显著。

由表 5-11 可知，关于混合组群平均（PMG）估计式和组群平均（MG）估计式的豪斯曼的检验结果拒绝了原假设，应该优先选择组群平均（MG）估计式。关于混合组群平均（PMG）估计式和传统固定效应（DFE）估计式的豪斯曼的检验结果拒绝了原假设，应该优先选择传统固定效应（DFE）估计式。关于组群平均（MG）估计式和传统固定效应（DFE）估计式的豪斯曼的检验结果接受了原假设，应该优先选择组群平均（MG）估计式。因此，模型（5.2）以城市土地扩张系数 expan 为被解释变量的情形的估计应该最后选择组群平均（MG）估计式的估计结果。

根据最后选择的组群平均（MG）估计式的估计结果，对数房地产投资额 dlndrinve 对城市扩张失衡系数 expan0 的长期影响系数和短期影响系数分别为 0.0774 和 0.0889，分别在 5% 和 10% 的显著性水平之下显著。这说明，房地产开发对城市扩张失衡有着显著的长期正向影响效应和短期正向影响效应。从而验证了研究假说二：房地产开发影响城市土地扩张与人口扩张失衡。

5.7　本章小结

如前所述，本书关于城市扩张主要有两方面的内涵界定：一是城市土地扩张，主要是指城市建成区面积的扩张。二是城市扩张失衡，主要是指城市土地扩张和城市人口扩张存在差距，并借鉴王佳（2017）的做法对其进行度量。城市人口扩张是指城市人口规模的扩大。城市土地扩张和城市人口扩张分别与土地城市化和人口城市化的概念对应。对应于第 1 章关于城市扩张在城市土地扩张和城市扩张失衡两方面的内涵界定，本章通过建立面板自回归分布滞后（ADRL）模型并转化为相应的面板误差修正模型（ECM），然后使用 1997—2016 年 20 年我国 35 个大中城市的面板数据，采用混合组群平均（PMG）估计式、传统固定效应（DFE）估计式及组群平均（MG）估计式三种方法进行估计，并根据豪斯曼检验进行三种方法对应模型的筛选，分析了在地方政府公司化、房地产金融化和土地利用财政化的特殊背景之下，房地产开发影响城市土地扩张和城市扩张失衡的长期效应和短期效应。

本章实证检验的主要结论是，对数房地产投资额 dlndrinve 对城市土地扩张系数 expan 的长期影响系数和短期影响系数分别为 0.0916 和 0.107，分别在 5% 和 10% 的显著性水平之下显著，房地产开发对城市土地扩张有着显著的长期正向影响效应和短期正向影响效应，从而验证了研究假说一：房地产开发影响城市土地扩张；对数房地产投资额 dlndrinve 对城市扩张失衡系数 expan0 的长期影响系数和短期影响系数分别为 0.0774 和 0.0889，分别在 5% 和 10% 的显著性水平之下显著，说明房地产开发对城市扩张失衡有着显著的长期正向影响效应和短期正向影响效应，从而验证了研究假说二：房地产开发影响城市土地扩张与人口扩张失衡。

本书关于房地产开发影响城市土地扩张的结论与洪世键等（2012）、林永民和吕萍（2017）以及朱高立、王雪琪、李发志和邹伟（2018）的研究结论是一致的。但是，本书更进一步通过实证分析了房地产开发影响城市土地扩张的长短期效应，发现了长期和短期房地产开发都对城市土地扩张具有显著的正向影响，进一步深化了关于房地产开发影响城市土地扩张的研究。这个方面研究结论的政策含义在于，一方面，对于房地产开发影响城市土地扩张的关注、管理和调控，应该同时重视短期和长期两个方面，与我国房地产业管理和调控的长效机制建设与完善实践不谋而合。另一方面，房地产管理和调控应与当下集约节约利用土地的政策推进相结合。

本书关于房地产开发影响城市土地扩张与人口扩张失衡（即城市扩张失衡）的结论与 Harvey 与 Clark（1965）、Brueckner（1983）、苏建忠等（2005）、冯科等（2009）、洪世键等（2012）以及刘修岩、李松林和秦蒙（2016）的研究结论是一致的。但是，本书更进一步通过实证分析了房地产开发影响城市土地扩张与人口扩张失衡（即城市扩张失衡）的长短期效应，发现了长期和短期房地产开发都对城市土地扩张与人口扩张失衡（即城市扩张失衡）具有显著的正向影响，进一步深化了关于房地产开发影响城市土地扩张与人口扩张失衡（即城市扩张失衡）的研究。这个方面研究结论的政策含义在于，一方面，对于房地产开发影响城市土地扩张与人口扩张失衡（即城市扩张失衡）的关注、管理和调控，应该同时重视短期和长期两个方面，继续做好我国房地产业管理和调控的长效机制建设与完善实践。另一方面，房地产管理和调控应与当下以人为本的新型城镇化战略推进相结合。

第 6 章

房地产开发、产业结构偏向、公共支出偏向和城市扩张失衡

如前所述，在地方政府公司化、房地产金融化和土地利用财政化的特殊背景下，地方政府为了政治晋升展开了增加 GDP 和财政收入的竞争（li 和 zhou，2005；周黎安，2007、2017；陶然，2009、2010；朱英明等，2010；范剑勇等，2010；韩琪，2011；刘守英等，2012；周飞舟，2012；吕冰洋等，2014；刘凯、陈秀英，2015），并结成了与房地产企业的利益联盟（杨帆、卢周来，2010；张振华，2011；吴启焰、曾文，2011），致使房地产开发行为兼有了产业结构调整效应和公共支出挤占效应。产业结构调整效应主要源自于产业结构向第二产业的偏向，公共支出挤占效应主要源自于因产业结构偏向第二产业的变化带来基础设施投资膨胀，带来公共支出中公共服务支出被挤出的公共支出偏向。进而，这种产业结构调整效应和公共支出挤占效应促进了土地城市化和城市土地的扩张，但同时却不利于人口城市化和城市人口扩张，从而造成了城市土地扩张和人口扩张的失衡现象。从而，基于地方竞争的视角分析我国城市化过程中的城市土地扩张和人口扩张的失衡现象，有利于理解其产生的主要机理。

总之，本书第 3 章通过对特殊背景之下我国房地产开发影响城市扩张失衡的主要机理的理论分析，认为在地方政府的竞争过程之中，房地产开发行为兼有了产业结构调整效应和公共支出挤占效应，通过产业结构偏向和公共支出偏向影响城市扩张失衡，并提出研究假说三和研究假说四。

研究假说三：在地方政府竞争的过程之中，房地产开发通过产业结构偏向影响城市土地扩张与人口扩张失衡。

研究假说四：在地方政府竞争的过程之中，房地产开发通过公共支出偏向影响城市土地扩张与人口扩张失衡。

本章将通过实证分析进行产业结构偏向和公共支出偏向中介效应的验证，分析房地产开发、产业结构偏向、公共支出偏向和城市扩张失衡之间的关系，从而验证研究假说三和研究假说四。

6.1 实证思路说明

大 N、小 T 型面板数据重点关注截面特征，通常采用固定效应（FE）、随机效应（RE）等静态面板模型方法或广义矩（GMM）动态面板模型方法进行估计。为了研究房地产开发活动影响城市扩张失衡现象及其作用机理，验证第 3 章提出的研究假说三和研究假说四，本章进一步分析产业结构偏向和公共支出偏向的中介效应。

首先，构建一个关于中介效应的模型（6.0）：

$$\begin{cases} Y = cX + e_1 & (1) \\ M = aX + e_2 & (2) \\ Y = c'X + bM + e_3 & (3) \end{cases} \tag{6.0}$$

其中，Y 为被解释变量；X 为解释变量；M 为中介变量。与中介效应有关的主要概念如表 6－1 所示。c 为解释变量 X 影响被解释变量 Y 的总效应；a 为解释变量 X 影响中介变量 M 的效应；b 为在控制了解释变量 X 的影响之后中介变量 M 影响被解释变量 Y 的效应，a 和 b 共同构成了解释变量 X 通过中介变量 M 影响被解释变量 Y 的间接效应；c′ 为在控制了中介变量 M 的影响之后，解释变量 X 影响被解释变量 Y 的直接效应；e_1、e_2 和 e_3 为残差。

表 6－1　与中介效应有关的主要概念

效应名称	对应符号	效应内涵说明
总效应	c	解释变量 X 影响被解释变量 Y 的总效应
—	a	解释变量 X 影响中介变量 M 的效应
—	b	在控制了解释变量 X 的影响之后中介变量 *M* 影响被解释变量 Y 的效应
间接效应	ab	a 和 b 共同构成了解释变量 X 通过中介变量 M 影响被解释变量 Y 的间接效应
直接效应	c′	在控制了中介变量 *M* 的影响后，解释变量 X 影响被解释变量 Y 的直接效应

根据温忠麟和叶宝娟（2014）提出的检验中介效应的流程（见图6－1），对于模型（6.0）中，本部分中介效应分析的主要思路是：第一步，检验方程（1）中系数c的显著性，如果是显著的，接着进行第二步的检验。第二步，检验方程（2）中的系数a与方程（3）中的系数b是否显著，如果都是显著的，则间接效应是显著的，直接跳到第四步进行相应的检验；如果两者至少有一个是不显著的，则继续进行第三步中的检验。第三步，运用Bootstrap法检验原假设：ab ＝0，如果是显著的，则间接效应是显著的，继续进行第四步的检验；如果是不显著的，则间接效应是不显著的，则停止分析。第四步，检验方程（3）中的系数c′，如果不显著，则直接效应是不显著的，仅存在间接效应；如果显著，则直接效应是显著的，继续进行第五步。第五步，考察ab和c′的符号，如果是同号，则属于部分

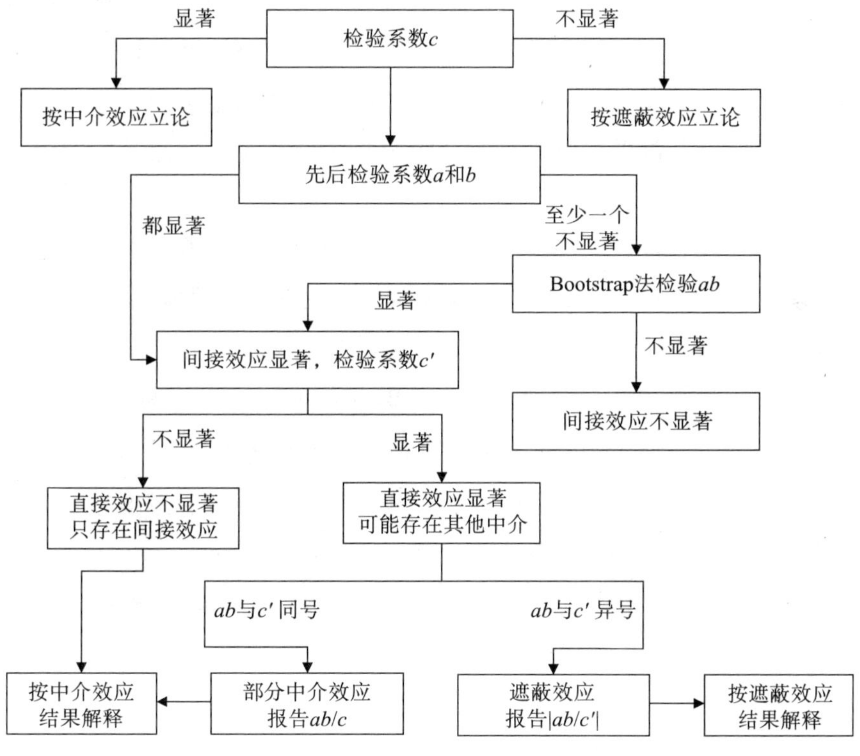

图6－1　中介效应检验流程图

资料来源：参考文献温忠麟、叶宝娟（2014）。

中介效应的情况，选择报告中介效应在总效应中所占的比重 ab/c；如果是异号，则属于遮掩效应的情况，选择报告间接效应和直接效应的比值的绝对值 |ab/ c′|。遮掩效应是指在间接效应和直接效应符号相反时出现的总效应被遮掩的情况，此时，总效应的绝对值比预期的要小。

6.2 模型设定与变量说明

国内外相关文献对城市扩张失衡影响因素的研究表明，城市收入水平、交通条件和农地租金等因素均在一定程度上影响着城市扩张失衡的进程。根据第 3 章中关于房地产开发影响城市扩张失衡的理论分析、城市扩张失衡现象的惯性以及本章中介效应的主要分析思路，城市扩张失衡不仅受到房地产投资活动、收入水平、交通条件和农地租金等因素的影响，而且受到前期自身状况的影响，产业结构偏向和公共支出偏向是房地产投资活动影响城市扩张失衡的重要中介。因此，本章引入被解释变量城市扩张失衡系数的滞后一期，并考虑房地产投资活动的滞后影响，构建动态计量模型如式（6.1）至式（6.5），重点研究我国房地产开发对城市扩张失衡的影响及其重要机理，相关变量的定义及说明详见表 6 -2。

$$\begin{aligned} expan1_{it} = {} & \beta_0 + \beta_1 expan1_{i,t-1} + \beta_2 lndrinve_{i,t-2} + \beta_3 agdps_{it} \\ & + \beta_4 road_{it} + \beta_5 bus_{it} + \beta_6 agri_{it} + \varepsilon_{1it} \end{aligned} \tag{6.1}$$

$$\begin{aligned} stru_{it} = {} & \alpha_0 + \alpha_1 stru_{i,t-1} + \alpha_2 lndrinve_{i,t-2} + \alpha_3 agdps_{it} \\ & + \alpha_4 road_{it} + \alpha_5 bus_{it} + \alpha_6 agri_{it} + \varepsilon_{2it} \end{aligned} \tag{6.2}$$

$$\begin{aligned} dfexp_{it} = {} & \zeta_0 + \zeta_1 dfexp_{i,t-1} + \zeta_2 lndrinve_{i,t-2} + \zeta_3 agdps_{it} \\ & + \zeta_4 road_{it} + \zeta_5 bus_{it} + \zeta_6 agri_{it} + \varepsilon_{3it} \end{aligned} \tag{6.3}$$

$$\begin{aligned} expan1_{it} = {} & \zeta_0 + \zeta_1 expan1_{i,t-1} + \zeta_2 stru_{it} + \zeta_3 lndrinve_{i,t-2} + \zeta_4 agdps_{it} \\ & + \zeta_5 road_{it} + \zeta_6 bus_{it} + \zeta_7 agri_{it} + \varepsilon_{4it} \end{aligned} \tag{6.4}$$

$$\begin{aligned} expan1_{it} = {} & \tau_0 + \tau_1 expan1_{i,t-1} + \tau_2 dfexp_{it} + \tau_3 lndrinve_{i,t-2} + \tau_4 agdps_{it} \\ & + \tau_5 road_{it} + \tau_6 bus_{it} + \tau_7 agri_{it} + \varepsilon_{5it} \end{aligned} \tag{6.5}$$

表6-2　　　　变量的定义及说明

变量类型	变量名称	变量定义	变量说明
被解释变量	expan1	城市扩张失衡系数	建成区面积增速与人口增速之差
核心解释变量	lndrinve	对数房地产投资额	本年完成投资额的对数值
控制变量	agdps road bus	人均地区实际生产总值 交通基础设施水平 通勤成本	按人口平均的地区实际生产总值 人均城市道路面积 每万人拥有的公共汽电车数
	agri	第一产业发展水平	第一产业占GDP的比重
中介变量	stru dfexp	产业结构偏向 公共支出偏向	GDP中第二与第三产业产值占比之比 地方公共财政支出中医疗卫生、社会保障和就业支出的比重

城市扩张失衡系数expan1是被解释变量。沿用王佳（2017）的做法，用城市扩张失衡系数expan1来衡量城市扩张失衡的程度，即土地城市化和人口城市化的不协调程度，由城市建成区面积增速与市辖区人口增速的差值表示。若expan1 > 0，则表明城市土地城市化的速度快于人口城市化的速度；若expan1 < 0，则表明城市土地城市化的速度慢于人口城市化的速度；若expan1 = 0，则表明城市土地城市化的速度与人口城市化的速度相同。城市扩张失衡系数expan1的值越大，说明土地城市化越是超前于人口城市化，亦即人口城市化越是滞后于土地城市化。根据第4章所述，城市扩张失衡系数expan1根据公式（4.2）基于城市建成区面积和常住人口数据计算。

房地产投资额lndrinve是核心解释变量，表示城市本年完成房地产投资总额的对数值。在Harvey和Clark（1965）、苏建忠等（2005）、冯科等（2009）和洪世键等（2012）研究的基础上，进一步分析城市房地产投资活动对城市扩张失衡的影响。drinve是进行了价格平减之后的房地产投资额（本书中与价格有关的变量值均进行了以国内生产总值平减指数为基础的价格平减）。

为了控制其他因素对城市蔓延的影响，本书基于城市扩张失衡在收入水平（Brueckner 和 Fansler，1983；Brueckner，2000；洪世键等，2012）、交通条件（Brueckner 和 Fansler，1983；Brueckner，2000；萨夫迪，2001；卓莉等，2007；张帆，2012；洪世键等，2012；程玉鸿、卢婧，2016）和农地租金（Brueckner 和 Fansler，1983；Seto，2003）等方面影响研究成果的基础上，引入了相应的控制变量。其中，城市收入水平由人均地区实际生产总值 agdps 作为代理变量，表示按人口平均的城市地区的实际生产总值；城市交通条件由交通基础设施水平 road 和通勤成本 bus 作为代理变量，分别表示人均城市道路面积和每万人拥有的公共汽电车数；农地租金由第一产业发展水平 agri 作为代理变量，取值于第一产业占 GDP 的比重。

为了探索房地产开发影响城市扩张失衡的机理，借鉴王佳（2017）的做法，引入中介变量产业结构偏向 stru 和公共支出偏向 dfexp。产业结构偏向 stru 表示产业结构偏向第二产业的程度，以 GDP 中第二产业产值所占的比重与第三产业产值所占的比重的比值加以衡量，这个比值越大意味着产业结构越是偏向第二产业。公共支出偏向 dfexp 表示地方公共财政支出对基础设施建设投资的偏向，由地方一般预算支出中医疗卫生与社会保障和就业的比重衡量，该值越小表明公共财政支出对基础设施建设投资的偏向越明显。

6.3 数据来源与主要变量描述

6.3.1 数据来源说明

本部分采用的数据为 2007—2016 年我国 35 个大中城市的面板数据。城市扩张失衡系数 expan1 是根据式（4.2）基于城市建成区面积和城市常住人口的数据计算的。城市建成区面积和城市常住人口的相关数据分别来自于《中国城市统计年鉴》与《中国城市建设统计年鉴》。常住人口能够较好地表征城市人口的变动过程，只有少量的文献采用常住人口数据研究城市扩张和城市蔓延的问题，如王佳（2017）。这里，本书用城区人口和城区暂住人口之和衡量城市常住人口。房地产投资额 drinve 来自于《中国房地产统计年鉴》的本年完成投资额数据。人均地区实际生产总值 agdps 由名义值经价格平减和按年末人口平均计算得到。为了保证统计口径的一致性，名义地区生产总值年末人口均来自于《中国城市统计年鉴》的市辖区数据。人均城市道路面积 road 和每万人拥有的公共汽电车 bus 数据均来自于《中国城市统计年鉴》的市辖区数据。其中，2016 年数据缺失，由近三年趋势值替代——基于前三年的数据计算。第一产业占 GDP 的比重 agri 来自于《中国城市统计年鉴》的市辖区数据，其中，2016 年的数据为第一产业产值占 GRP 的比重。产业结构偏向 stru 表示产业结构偏向第二产业的程度，以 GDP 中第二产业占比与第三产业占比的比值衡量。其中，GDP 中第三产业占比由 100 减去 GDP 中第一、二产业占比之和计算而得，GDP 中第一、二产业占比来自《中国城市统计年鉴》。公共支出偏向 dfexp 表示公共财政支出对基础设施建设投资的偏向，由地方一般预算支出中医疗卫生与社会保障和就业的比重衡量，该值越小表明公共财政支出对基础设施建设投资的偏向越明显。地方一般预算支出及其中的医疗卫生与社会保障和就业支出的数据来自于《中国区域经济统计年鉴》以及各城市的统计数据，并且由于相应的市辖区数据的缺失采用了全市数据。

6.3.2　主要变量描述

被解释变量城市扩张失衡系数 expan1 和核心解释变量对数房地产投资 lndrinve 的趋势图如图 6－2 所示。由图 6－2 可知，我国城市扩张失衡系数 expan1 和对数房地产投资 lndrinve 表现出大致相同的增长趋势。但是，从趋势判断变量之间的相关关系尚为粗浅，有待进一步分析两者的关系。

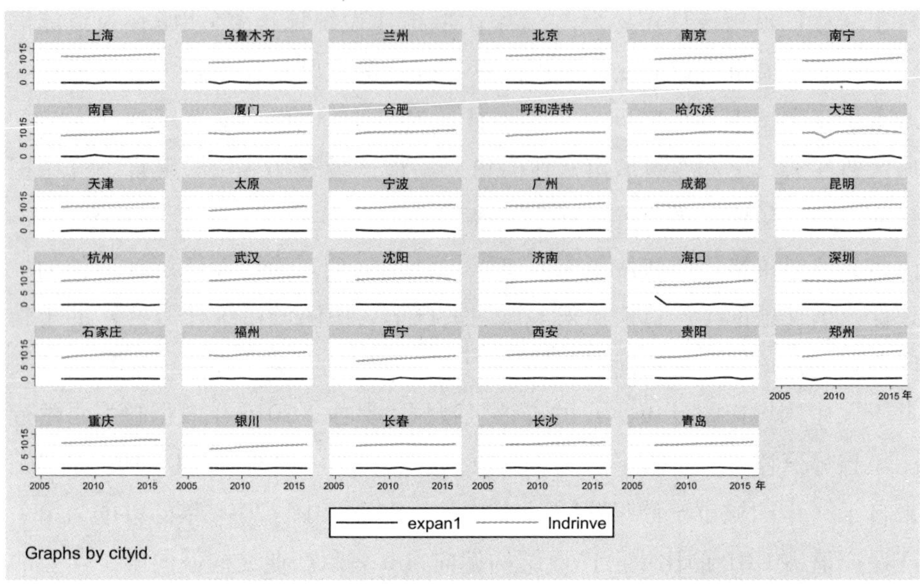

图 6－2　2007—2016 年 35 个大中城市城市扩张失衡和对数房地产投资

被解释变量城市扩张失衡系数 expan1 和对数房地产投资 lndrinve 等解释变量的散点图和相关系数如图 6－3 和表 6－3 所示。由图 6－3 可知，城市扩张失衡系数 expan1 和对数房地产投资 lndrinve、按人口平均的地区实际生产总值对数值 lnagdps、人均城市道路面积 road、每万人拥有的公共汽电车数 bus 以及第一产业占 GDP 比重 agri 均有一定的相关性，但仍需进一步的分析。由表 6－3 可知，城市扩张失衡系数 expan1 和对数房地产投资 lndrinve 的相关系数为 －0.151，显著性水平为 1%，这说明城市扩张失衡系数 expan1 和对数房地产投资 lndrinve 之间有着较强的相关关系。城市扩张失衡系数 expan1 和按人口平均的地区实际生产总值对数值 lnagdps 及第一产业占 GDP 比重 agri 之间的相关系数分别为 －0.153 和 0.130，显著性水平分别为 1% 和 5%，这说明城市扩张失衡系数 expan1 和按人口平均的地区实际生产总值对数值 lnagdps 及第一产业占 GDP 比重 agri 有着较强的相关关系。此外，对数房地产投资 lndrinve、按人口平均的地区实际生产总值对数值 lnagdps、人均城市道路面积 road、每万人拥有的公共汽电车数 bus 以及第一产业占 GDP 比重 agri 两两之间均有显著性水平为 1% 的相关性。

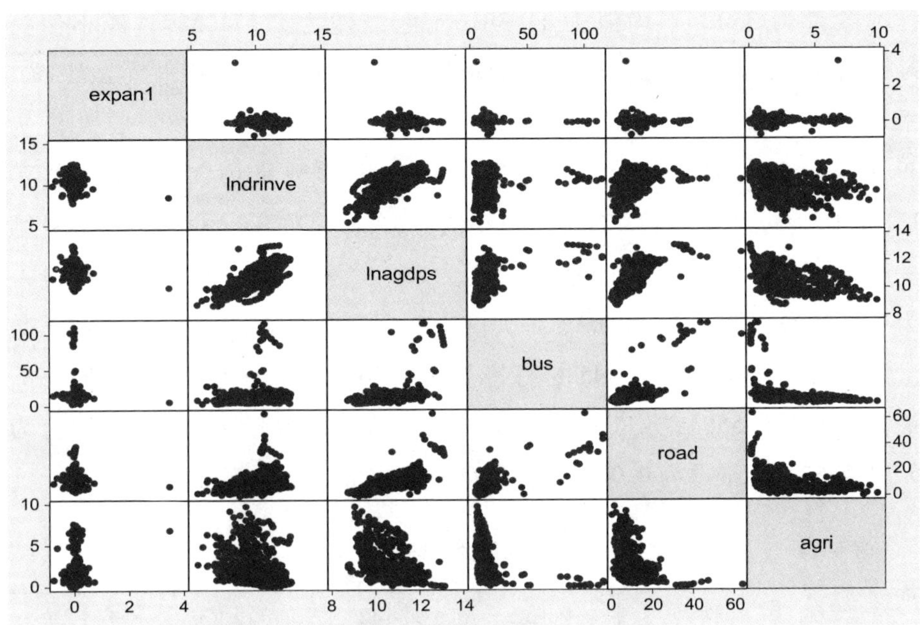

图 6－3　被解释变量和主要解释变量的散点图

表 6－3　　被解释变量和主要解释变量的相关系数表

相关系数及显著性	expan1	lndrinve	lnagdps	road	bus	agri
expan1	1.000					
lndrinve	-0.151***	1.000				
lnagdps	-0.153***	0.778***	1.000			
road	-0.063	0.210***	0.465***	1.000		
bus	-0.068	0.441***	0.712***	0.670***	1.000	
agri	0.130**	-0.291***	-0.510***	-0.330***	-0.432***	1.000

注：***、**、*分别表示 1%、5% 和 10% 的显著性水平。

被解释变量城市扩张失衡系数 expan1 和对数房地产投资 lndrinve 等解释变量的描述统计结果如表 6－4 所示。由表 6－4 可知，城市扩张失衡系数 expan1 的样本数量为 350，平均值为 0.0286444，标准差为 0.2306938，最小值为 -0.7540385，最大值为 3.471833；对数房地产投资 lndrinve 的样本数量为 350，平均值为 10.59412，标准差为 0.9537309，最小值为 7.790029，最大值为 13.37048；人均地区实际生产总值对数值 lnagdps 的样本数量为 350，平均值为 11.3816，标准差为 0.5710589，最小值为 9.866424，最大值为 13.13489；人均城市道路面积 road 的样本数量为 350，平均值为 13.43778，标准差为 5.852754，最小值为 3.78，最大值为 39.18；每万人拥有的公共汽电车 bus 的样本数量为 350，平均值为 15.86597，标准差为 12.76304，最小值为 3.723457，最大值为 110.52；第一产业占 GDP 的比重 agri 的样本数量为 350，平均值为 1.857886，标准差为 1.686093，最小值为 0.03，最大值为 7.64。产业结构偏向 stru 的样本数量为 350，平均值为 0.779452，标准差为 0.2648725，最小值为 0.2400598，最大值为 1.585583；公共支出偏向 dfexp 的样本数量为 350，平均值为 0.1722857，标准差为 0.041868，最小值为 0.06，最大值为 0.29。

表 6-4　　　　主要变量的描述统计

变量名称	平均值	标准差	最小值	最大值	样本量
expan1	0.03	0.23	-0.75	3.47	350
lndrinve	10.62	0.93	7.79	12.56	350
lnagdps	11.38	0.57	9.87	13.13	350
bus	15.87	12.76	3.72	110.52	350
road	13.44	5.85	3.78	39.18	350
agri	1.86	1.69	0.03	7.64	350
stru	0.78	0.26	0.24	1.59	350

6.4 面板数据单位根检验

动态面板数据模型要求数据是平稳的。为了确保实证分析的可靠性、避免发生伪回归的现象，在估计相应的面板数据模型之前，需要进行面板数据的单位根检验，本部分面板数据单位根检验的具体结果如表 6-5 所示。

表 6 - 5　　面板数据单位根检验结果表

变量名称	LLC 检验	IPS 检验	Fisher - ADF 检验	Fisher - PP 检验	Hadri LM 检验	检验结果
expan1	- 1.13999***	- 2.186***	234.6279***	643.5739***	7.0998***	平稳
	(0.0001)	(0.000)	(0.0000)	(0.0000)	(0.0000)	I(0)
lndrinve	- 0.15681***	- 1.998***	115.6341***	129.7354***	17.0432***	平稳
	(0.0000)	(0.001)	(0.0005)	(0.0000)	(0.0000)	I(0)
lnagdps	- 1.12145***	- 2.379***	463.5256***	206.4932***	19.4420***	平稳
	(0.0000)	(0.000)	(0.0000)	(0.0001)	(0.0000)	I(0)
road	- 2.5725***	- 1.3422*	195.8463***	113.0944***	17.1498***	平稳
	(0.0050)	(0.0898)	(0.0000)	(0.0008)	(0.0000)	I(0)
bus	- 0.26622*	- 1.662*	2.4226***	117.2611***	16.8056***	平稳
	(0.0230)	(0.080)	(0.0077)	(0.0003)	(0.0000)	I(0)
agri	- 0.24565***	- 2.268***	211.7076***	112.7049***	15.5679***	平稳
	(0.0000)	(0.000)	(0.0000)	(0.0009)	(0.0000)	I(0)
stru	- 0.25590***	- 1.963***	184.1032***	106.8531***	16.2505***	平稳
	(0.0003)	(0.001)	(0.0000)	(0.0030)	(0.0000)	I(0)
dfexp	- 0.62459***	- 8.540***	117.1687***	197.2021***	18.3576***	平稳
	(0.0000)	(0.000)	(0.0004)	(0.0000)	(0.0000)	I(0)

注：括弧中的数据为统计量对应的 P 值，* 表示 $p < 0.1$，** 表示 $p < 0.05$，*** 表示 $p < 0.01$，相应的显著性表示在统计量下方。

本部分选用 LLC 检验、IPS 检验、Fisher - ADF 检验、Fisher - PP 检验和 Hadri LM 检验五种方法对面板数据所涉及变量进行单位根检验，以分析其平稳性。表 6 - 5 中呈现的是对城市扩张失衡系数 expan1 、对数房地产投资额 dlndrinve、按人口平均的地区实际生产总值对数值 lnagdps、人均城市道路面积 road、每万人拥有的公共汽电车数 bus、第一产业占 GDP 比重 agri、产业结构偏向 stru 以及公共支出偏向 dfexp 分别进行 LLC 检验、IPS 检验、Fisher - ADF 检验、Fisher - PP 检验和 Hadri LM 检验五种方法检验的具体结果。由表 6 - 5 可知，城市扩张失衡系数 expan1、对数房地产投资额 dlndrinve、按人口平均的地区实际生产总值对数值 lnagdps、人均城市道路面积 road、每万人拥有的公共汽电车数 bus、第一产业占 GDP 比重 agri、产业结构偏向 stru 以及公共支出偏向 dfexp 的 LLC 检验、IPS 检验、Fisher -

ADF 检验和 Fisher - PP 检验的结果均在 1% 或 10% 的显著性水平下拒绝了“存在单位根”的原假设，Hadri LM 的检验结果均在 1% 的显著性水平下拒绝了“不存在单位根”的原假设。按照多数原则，对 LLC 检验、IPS 检验、Fisher - ADF 检验、Fisher - PP 检验和 Hadri LM 检验五种方法的结果进行分析，城市扩张失衡系数 expan1、对数房地产投资额 dlndrinve、按人口平均的地区实际生产总值对数值 lnagdps、人均城市道路面积 road、每万人拥有的公共汽电车数 bus、第一产业占 GDP 比重 agri、产业结构偏向 stru 以及公共支出偏向 dfexp 均是平稳的，即 I(0)，不存在单位根，不需要做协整分析，可以据此进行后续的分析。

6.5 估计方法与思路

动态面板模型由于两个方面的原因可能存在内生性问题：其一，模型中包含了被解释变量城市扩张失衡系数 expan1 和中介变量产业结构偏向 stru与公共支出偏向 dfexp 的上一期；其二，模型中的其他解释变量有存在内生性问题的可能。通过戴维森和麦金农（1993）提出的检验内生性的方法，对动态面板模型（6.1）中的可疑内生解释变量房地产开发投资 lndrinve 进行了内生性检验，结果表明，P - value = 0.4055，无法拒绝原假设，即解释变量房地产开发投资 lndrinve 是外生的。因此，本部分的动态面板模型估计需要应对的内生性问题主要源自于被解释变量的滞后项。

内生性问题的存在使 OLS 估计得到的结果是有偏的。解决内生性问题的常见方法有极大似然估计（ML）、工具变量估计（Ⅳ）、两阶段最小二乘法（2SLS）、差分广义矩（Difference - GMM）和系统广义矩（System - GMM）等。与极大似然估计（ML）方法相比，广义矩估计（GMM）方法更加简洁、有效。事实上，Anderson 和 Hisao（1982）提出的基于传统的Ⅳ估计方法是关于动态面板估计的最早文献，在 L. Henson（1982）首次提出广义矩估计方法（GMM）之后，Arellano 和 Dond（1991）提出的差分广义矩估计方法（Difference - GMM）在动态面板估计中被广泛使用。由 Arellano 和 Bover（1995）首次提出、经 Blundell 和 Dond（1998）系统发展以及 Haha（1999）及 Judson 和 Owen（1999）等进一步研究的系统广义矩估计方法（System - GMM）在差分广义矩估计方法的基础上增加了更多的矩条件，从而进一步提高了估计效率。基于此，本部分选择差分广义矩估计方法（Difference - GMM）和系统广义矩估计方法（System - GMM）进行模型估计。

作为一致估计，差分广义矩估计（Difference - GMM）和系统广义矩估计（System - GMM）能够成立的前提是扰动项 ε_{it} 不存在自相关。对此，需要进行检验。然而，即使原假设"扰动项 ε_{it} 不存在自相关"是成立的，扰动项 ε_{it} 的一阶差分仍然会存在一阶自相关。这是因为：

$$\begin{aligned} Cov(\Delta\varepsilon_{it},\ \Delta\varepsilon_{i,t-1}) &= Cov(\varepsilon_{it}-\varepsilon_{i,t-1},\ \varepsilon_{i,t-1}-\varepsilon_{i,t-2}) \\ &= -Cov(\varepsilon_{i,t-1},\ \Delta\varepsilon_{i,t-1}) \neq 0 \end{aligned} \tag{6.6}$$

但是，扰动项 ε_{it} 的差分将不存在二阶或更高阶的自相关，即 $Cov(\Delta\varepsilon_{it},\ \Delta\varepsilon_{i,t-k})=0$，$k\geqslant0$。因此，可以检验扰动项 ε_{it} 的差分是不是存在一阶或者二阶（或更高阶）的自相关，并借以进行原假设的检验。如果经过相关性检验得知了扰动项 ε_{it} 的差分仍然存在一阶自相关，但是不存在二阶以及更高阶（如三阶）的自相关，则可以接受"扰动项 ε_{it} 不存在自相关"的原假设，进而得知可以使用差分 GMM 和系统 GMM。

另外，可以通过 Sargan 检验进行过度识别检验，如果在 10% 的显著性水平下接受了"所有工具变量均有效"的原假设，则表明所设定模型是合理的。

6.6　实证结果与分析

6.6.1　房地产开发对城市扩张失衡的影响

按照中介效应分析的步骤，我们首先通过实证检验房地产开发对城市扩张失衡影响的总效应（中介效应模型中的 c）。本部分分别采用差分广义矩估计方法（Difference - GMM）和系统广义矩估计方法（System - GMM）对动态面板模型（6.1）进行估计，得到相应的 c 值及其显著性，详见表 6 - 6 中的阴影部分。

表 6 - 6　房地产开发影响城市扩张失衡的 GMM 分析结果

变量/检验/观测值	Difference - GMM	System - GMM
L1. expan1	- 0.0445191*** (-19.26)	- 0.0509417*** (-17.09)
L2. lndrinve (c)	0.0243479*** (4.46)	0.0199613*** (4.07)
lnagdps	0.015781 (1.22)	0.0068153 (0.667)
road	- 0.0050766*** (-4.09)	- 0.0041925*** (6.49)
bus	- 0.0011067*** (-3.21)	- 0.0014173*** (-3.10)
agri	- 0.0237504** (-2.51)	- 0.0033769 (0.71)
_cons	- 0.2883071* (-1.68)	- 0.1840711 (-1.16)
AR（1）检验	- 3.5409*** (0.0004)	- 3.5409*** (0.0004)
AR（2）检验	- 0.71843 (0.4725)	- 0.71843 (0.4725)
Sargan 检验	31.3327 (0.9067)	31.3327 (0.9067)
观测值	315	315

注：变量系数下方括弧中的数字为对应的 t 值，检验统计量下方括弧中的数字为对应的 p 值，* 表示 $p<0.1$，** 表示 $p<0.05$，*** 表示 $p<0.01$。

表 6 - 6 显示的是对动态面板模型（6.1）分别采用差分广义矩估计方法（Difference - GMM）和系统广义矩估计方法（System - GMM）进行实

证估计的结果。其中，第二列显示的是差分广义矩估计方法（Difference - GMM）的结果，第三列显示的是系统广义矩估计方法（System - GMM）的结果。表中展示了相关解释变量的估计系数及其显著性，还展示了扰动项相关性检验和工具变量有效性检验的结果。

由表6-6中差分广义矩估计方法（Difference - GMM）的结果可知，城市扩张失衡系数expan1的滞后一期对城市扩张失衡系数expan1在1%的显著性水平下有显著的负向影响，影响系数为-0.0445191，表明城市扩张失衡系数expan1的影响具有持续性，上期城市扩张失衡系数expan1的上涨对本期有一个显著的负向调整作用；对数房地产投资额dlndrinve的滞后两期对城市扩张失衡系数expan1在1%的显著性水平下有显著的正向影响，影响系数为0.0243479，表明对数房地产投资额滞后两期的上涨对城市扩张失衡系数expan1有显著的推动作用（这个系数对应于中介效应模型中的c）；按人口平均的地区实际生产总值对数值lnagdps对城市扩张失衡系数expan1的影响不显著；人均城市道路面积road对城市扩张失衡系数expan1在1%的显著性水平下有显著的负向影响，影响系数为-0.0050766，表明人均城市道路面积对城市扩张失衡系数有显著的抑制作用；每万人拥有的公共汽电车数bus对城市扩张失衡系数expan1在1%的显著性水平下有显著的负向影响，影响系数为-0.0011067，这表明，每万人拥有的公共汽电车数bus对城市扩张失衡系数expan1有显著的抑制作用；第一产业占GDP的比重agri对城市扩张失衡系数expan1在5%的显著性水平下有显著的负向影响，影响系数为-0.0237504，这表明，每万人拥有的公共汽电车数bus对城市扩张失衡系数expan1有显著的抑制作用。

由表6-6中系统广义矩估计方法（System - GMM）的结果可知，城市扩张失衡系数expan1的滞后一期对城市扩张失衡系数expan1在1%的显著性水平下有显著的负向影响，影响系数为-0.0509417，说明城市扩张失衡的影响具有持续性，上期城市扩张失衡系数expan1的上涨对本期有一个显著的负向调整作用；对数房地产投资额dlndrinve的滞后两期对城市扩张失衡系数expan1在1%的显著性水平下有显著的正向影响，影响系数为0.0199613，表明对数房地产投资额滞后两期的上涨对城市扩张失衡有显著的推动作用（这个系数对应于中介效应模型中的 c）；按人口平均的地区实际生产总值对数值 lnagdps 对城市扩张失衡系数 expan1 的影响不显著；人均城市道路面积 road 对城市扩张失衡系数 expan1 在 1% 的显著性水平下有显著的负向影响，影响系数为 -0.0041925，表明人均城市道路面积对城市扩张失衡系数 expan1 有显著的抑制作用；每万人拥有的公共汽电车数 bus 对城市扩张失衡系数 expan1 在 1% 的显著性水平下有显著的负向影响，影响系数为 -0.0014173，表明每万人拥有的公共汽电车数 bus 对城市扩张失衡系数 expan1 有显著的抑制作用；第一产业占 GDP 比重 agri 对城市扩张失衡系数 expan1 的影响不显著。

由表 6-6 中差分广义矩估计方法（Difference-GMM）的结果可知，AR（1）和 AR（2）检验的统计量分别为 -3.5409 和 -0.71843，对应的 P 值分别为 0.0004 和 0.4725，由此结果可知，模型中的扰动项 ε_{it} 不存在二阶自相关，接受了“扰动项 ε_{it} 不存在自相关”的原假设，可以运用差分 GMM 方法进行估计；Sargan 检验的统计量为 31.3327，P 值为 0.9067，由此结果可知，模型在 10% 的显著性水平下接受了“所有工具变量均有效”的原假设，表明所设定模型是合理的。

由表 6-6 中系统广义矩估计方法（System-GMM）的结果可知，AR（1）和 AR（2）检验的统计量分别为 31.3327 和 -0.71843，对应的 P 值分别为 0.004、和 0.4725，由此结果可知，模型中的扰动项 ε_{it} 不存在二阶自相关，接受了“扰动项 ε_{it} 不存在自相关”的原假设，可以运用系统 GMM 方法进行估计；Sargan 检验的统计量为 31.3327，P 值为 0.9067，由此结果可知，模型在 10% 的显著性水平下接受了“所有工具变量均有效”的原假设，表明所设定的模型是合理的。

6.6.2 房地产开发对产业结构偏向和公共支出偏向的影响

按照中介效应分析的步骤，在实证检验房地产开发对城市扩张失衡的影响的总效应（中介效应模型中的 c）之后，接着，应该进行房地产开发对中介因素产业结构偏向和公共支出偏向的影响（即中介效应模型中的 a）

的实证检验。本部分分别采用差分广义矩估计（Difference - GMM）和系统广义矩估计（System - GMM）对模型（6.2）和模型（6.3）进行估计，得到相应的 a 值及其显著性，详见表 6 - 7 中的阴影部分。

表 6 - 7　　房地产开发影响产业结构偏向和公共支出偏向的 GMM 分析结果

变量/检验/观测值	stru 为被解释变量		dfexp 为被解释变量	
	Difference - GMM	System - GMM	Difference - GMM	System - GMM
L1. stru	0.6175307*** (18.04)	0.7076591*** (25.91)		
L1. dfexp			0.2649729*** (13.08)	0.3491005*** (17.07)
L2. lndrinve (a)	-0.036000*** (-6.03)	-0.0224864*** (-4.63)	0.0086926*** (6.38)	0.0113315*** (4.64)
lnagdps	-0.0273351*** (-14.59)	-0.0326013*** (-6.86)	-0.012208*** (-4.43)	-0.0157033*** (-2.82)
road	0.0017619** (2.35)	0.0004522 (0.66)	0.0007546*** (2.87)	0.0009742*** (4.19)
bus	-0.0006028 (-1.19)	0.0001035 (0.32)	-0.0002785*** (-4.17)	-0.0004337*** (-7.63)
agri	0.0191952*** (3.28)	0.0104279*** (2.61)	0.0070637*** (7.11)	0.0100763*** (7.93)
_cons	0.9051602*** (12.04)	0.0134367*** (3.33)	0.1573048*** (5.33)	0.1496002*** (3.47)
AR（1）检验	-2.7811*** (0.0054)	-2.867*** (0.0041)	-2.6009*** (0.0093)	-2.7044*** (0.0068)
AR（2）检验	-0.41472 (0.6783)	-0.53482 (0.5928)	0.2332 (0.8156)	0.27749 (0.7814)
Sargan 检验	32.17278 (1.0000)	31.15412 (1.0000)	30.11408 (0.7029)	34.04611 (0.8337)
观测值	350	350	280	315

注：变量系数下方括号中的数字为对应的 t 值，检验统计量下方括号中的数字为对应的 p 值，* 表示 $p<0.1$，** 表示 $p<0.05$，*** 表示 $p<0.01$。

表6－7显示的是对动态面板模型（6.2）和模型（6.3）分别采用差分广义矩估计方法（Difference－GMM）和系统广义矩估计方法（System－GMM）进行实证估计的结果。其中，第二列和第四列分别显示的是以产业结构偏向stru和公共支出偏向dfexp为被解释变量进行差分广义矩估计方法（Difference－GMM）估计的结果，第三列和第五列分别显示的是以产业结构偏向stru和公共支出偏向dfexp为被解释变量进行系统广义矩估计方法（System－GMM）估价的结果。表中除了相关解释变量的估计系数及其显著性的展示，还显示了扰动项相关性检验和工具变量有效性检验的结果。

由表6－7中以产业结构偏向stru为被解释变量的差分广义矩估计方法（Difference－GMM）估计结果可知，对数房地产投资额dlndrinve滞后两期对产业结构偏向stru在1%的显著性水平下有显著的负向影响，影响系数为－0.036000，表明对数房地产投资额滞后两期的上涨对产业结构偏向有显著的抑制作用；由表6－7中以产业结构偏向stru为被解释变量的系统广义矩估计方法（System－GMM）估计结果可知，对数房地产投资额dlndrinve滞后两期对产业结构偏向stru在1%的显著性水平下有显著的负向影响，影响系数为－0.0224864，表明对数房地产投资额滞后两期的增加对产业结构偏向有显著的抑制作用。这两个系数对应于中介效应模型中的a。

由表6－7中以产业结构偏向stru为被解释变量的差分广义矩估计方法（Difference－GMM）和系统广义矩估计方法（System－GMM）的检验结果可知，相应的AR（2）检验均接受了原假设“扰动项ε_{it}不存在自相关”，说明可以使用相应的差分GMM和系统GMM方法进行估计；由两者的Sargan检验结果可知，模型均接受了“所有工具变量均有效”的原假设，表明所设定的模型是合理的。

由表6－7中以公共支出偏向dfexp为被解释变量的差分广义矩估计方法（Difference－GMM）估计结果可知，对数房地产投资额dlndrinve滞后两期对公共支出偏向dfexp在1%的显著性水平下有显著的正向影响，影响系数为0.0086926，表明对数房地产投资额滞后两期的上涨对公共支出偏向有显著的推动作用；由表6-7中以公共支出偏向dfexp为被解释变量的系统广义矩估计方法（System-GMM）估计结果可知，对数房地产投资额dlndrinve滞后两期对公共支出偏向dfexp在1%的显著性水平下有显著的正向影响，影响系数为0.0113315，表明对数房地产投资额滞后两期的上涨对公共支出偏向dfexp有显著的推动作用。这两个系数对应于中介效应模型中的a。

由表6-7中以公共支出偏向dfexp为被解释变量的差分广义矩估计方法（Difference-GMM）和系统广义矩估计方法（System-GMM）的结果可知，相应的AR（2）检验接受了原假设"扰动项ε_{it}不存在自相关"，说明可以使用相应的差分GMM和系统GMM方法进行估计；由两者的Sargan检验结果可知，模型均接受了"所有工具变量均有效"的原假设，表明所设定的模型是合理的。

6.6.3 房地产开发、产业结构偏向、公共支出偏向与城市扩张失衡

按照中介效应分析的步骤，在实证检验房地产开发对城市扩张失衡的影响的总效应（中介效应模型中的c）以及房地产开发对中介因素产业结构偏向和公共支出偏向的影响（即中介效应模型中的a）之后，应该引入中介变量产业结构偏向和公共支出偏向，进一步分析在控制了中介变量产业结构偏向和公共支出偏向的影响（即中介效应模型中的b）之后，解释变量数房地产投资额dlndrinve滞后两期对被解释变量城市扩张失衡系数expan1的影响（即中介效应模型中的c′）的显著性。本部分分别采用差分广义矩估计方法（Difference-GMM）和系统广义矩估计方法（System-GMM）通过对模型（6.4）和模型（6.5）进行估计进而实现对b和c′的估计，详见表6-8中阴影部分。

表 6－8　房地产开发、产业结构偏向、公共支出偏向影响城市扩张失衡分析结果

变量/检验/观测值	stru 为中介变量		dfexp 为中介变量	
	Difference－GMM	System－GMM	Difference－GMM	System－GMM
L1. expan1	－0.0436803*** (－16.32)	0.0506044*** (－10.50)	－0.0437137*** (－18.29)	－0.0463346*** (－11.80)
stru (b)	0.1690305*** (8.27)	0.0879142*** (5.66)		
dfexp (b)			0.2591063*** (4.17)	0.3143457*** (4.29)
L2. lndrinve (c′)	0.0382335*** (6.09)	0.0220789*** (3.75)	0.0231196*** (3.88)	0.018212*** (4.99)
lnagdps	0.0334793 (1.63)	0.0296462** (2.15)	0.02587** (1.99)	0.0267104** (2.37)
road	－0.0051462*** (－6.15)	－0.0044773*** (－3.62)	－0.0057729*** (－4.67)	－0.004076*** (－5.44)
bus	－0.000912*** (－3.86)	－0.0008905*** (－3.05)	－0.0007979*** (－2.57)	－0.0009701*** (－4.43)
agri	－0.0174005** (－2.27)	0.0031508 (0.83)	－0.0180235** (－1.96)	－0.0007904 (－0.25)
_cons	－0.7821548*** (－3.57)	－0.553254*** (－3.72)	－0.4447825*** (－2.43)	－0.460781 (－3.49)
AR（1）检验	－3.597*** (0.0003)	－3.5684*** (0.0004)	－3.5953*** (0.0003)	－3.5582*** (0.0004)
AR（2）检验	－0.60354 (0.5461)	－0.67027 (0.5027)	－0.65644 (0.5115)	－0.65552 (0.5121)
Sargan 检验	26.77864 (0.8391)	27.03949 (0.9727)	27.73627 (0.8039)	28.01081 (0.9625)
观测值	280	315	280	315

注：变量系数下方括弧中的数字为对应的 t 值，检验统计量下方括弧中的数字为对应的 p 值，* 表示 $p<0.1$，** 表示 $p<0.05$，*** 表示 $p<0.01$。

表 6－8 显示的是对动态面板模型（6.4）和模型（6.5）分别采用差分广义矩估计方法（Difference－GMM）和系统广义矩估计方法（System－

GMM）进行实证估计的结果。其中，第二列和第四列显示的分别是以产业结构偏向 stru 和公共支出偏向 dfexp 为中介变量进行差分广义矩估计方法（Difference - GMM）估计的结果，第三列和第五列分别显示的是以产业结构偏向 stru 和公共支出偏向 dfexp 为中介变量进行系统广义矩估计方法（System - GMM）估价的结果。表中除了展示相关解释变量的估计系数及其显著性，还展示了扰动项相关性检验和工具变量有效性检验的结果。

由表6 - 8 中以产业结构偏向 stru 为中介变量的差分广义矩估计方法（Difference - GMM）估计结果可知，在控制了产业结构偏向 stru 对城市扩张失衡系数 expan1 的影响之后，对数房地产投资额 dlndrinve 滞后两期对城市扩张失衡系数 expan1 在 1% 的显著性水平下有显著的正向影响，影响系数为 0. 0382335，表明对数房地产投资额滞后两期的上涨对城市扩张失衡有显著的推动作用；由表6 - 8 中以产业结构偏向 stru 为中介变量的系统广义矩估计方法（System - GMM）估计结果可知，对数房地产投资额 dlndrinve 滞后两期对城市扩张失衡系数 expan1 在 1% 的显著性水平下有显著的正向影响，影响系数为 0. 0220789，表明对数房地产投资额滞后两期的上涨对城市扩张失衡有显著的推动作用。这两个系数对应于中介效应模型中的直接效应 c′。此外，由差分广义矩估计方法（Difference - GMM）估计结果可知，产业结构偏向 stru 对城市扩张失衡系数 expan1 在 1% 的显著性水平下有显著的正向影响，影响系数为 0. 1690305，表明产业结构偏向的显化对城市扩张失衡有显著的推动作用；系统广义矩估计方法（System - GMM）估计结果可知，产业结构偏向 stru 对城市扩张失衡系数 expan1 在 1% 的显著性水平下有显著的正向影响，影响系数为 0. 0879142，表明产业结构偏向的显化对城市扩张失衡有显著的推动作用。这两个系数对应于中介效应模型中的 b。

由表6 - 8 中以产业结构偏向 stru 为中介变量的差分广义矩估计方法（Difference - GMM）和系统广义矩估计方法（System - GMM）的结果可知，相应的 AR（2）检验均接受了原假设“扰动项 ε_{it} 不存在自相关”，说明可以使用相应的差分 GMM 和系统 GMM 进行估计；由两者的 Sargan 检验结果可知，模型均接受了“所有工具变量均有效”的原假设，则表明所设定模型是合理的。

由表 6－8 中以公共支出偏向 dfexp 为中介变量的差分广义矩估计方法（Difference－GMM）估计结果可知，在控制了公共支出偏向 dfexp 对城市扩张失衡系数 expan1 的影响之后，对数房地产投资额 dlndrinve 滞后两期对城市扩张失衡系数 expan1 在 1% 的显著性水平下有显著的正向影响，影响系数为 0.0231196，表明对数房地产投资额滞后两期的上涨对城市扩张失衡有显著的推动作用；以公共支出偏向 dfexp 为中介变量的系统广义矩估计方法（System－GMM）估计结果可知，对数房地产投资额 dlndrinve 滞后两期对城市扩张失衡系数 expan1 在 1% 的显著性水平下有显著的正向影响，影响系数为 0.018212，表明对数房地产投资额滞后两期的上涨对城市扩张失衡有显著的推动作用。这两个系数对应于中介效应模型中的直接效应 c′。此外，差分广义矩估计方法（Difference－GMM）估计结果可知，公共支出偏向 dfexp 对城市扩张失衡系数 expan1 在 1% 的显著性水平下有显著的正向影响，影响系数为 0.2591063，表明公共支出偏向的显化对城市扩张失衡有显著的推动作用；系统广义矩估计方法（System－GMM）估计结果可知，公共支出偏向 dfexp 对城市扩张失衡系数 expan1 在 1% 的显著性水平下有显著的正向影响，影响系数为 0.3143457，表明公共支出偏向的显化对城市扩张失衡有显著的推动作用。这两个系数对应于中介效应模型中的 b。

由表 6－8 中以公共支出偏向 dfexp 为中介变量的差分广义矩估计方法（Difference－GMM）和系统广义矩估计方法（System－GMM）的结果可知，相应的 AR（2）检验均接受了原假设“扰动项 ε_{it} 不存在自相关”，说明可以使用相应的差分 GMM 和系统 GMM 进行估计；由两者的 Sargan 检验结果可知，模型均接受了“所有工具变量均有效”的原假设，则表明所设定模型是合理的。

如前所述，对应于房地产开发影响城市扩张失衡的动态计量模型［式（6.1）至式（6.5）］、中介效应模型 6.0 及其效用概念（见表 6－1），c 表示房地产开发影响城市扩张失衡的总效应，c′ 表示在控制了中介变量产业结构偏向或公共支出偏向的影响后房地产开发影响城市扩张失衡的直接效应，a 表示房地产开发影响中介变量产业结构偏向或公共支出偏向的效应，b 表示在控制了房地产开发的影响后中介变量产业结构偏向或公共支出偏

向对城市扩张失衡的效应，ab 表示 a 和 b 共同构成了房地产开发通过中介变量产业结构偏向或公共支出偏向影响城市扩张失衡的间接效应。但是，间接效应的具体情况有赖于间接效应 ab 和直接效应 c′ 的具体比较分析。具体而言，考察 ab 和 c′ 的符号，如果是同号，则属于部分中介效应的情况，选择报告中介效应在总效应中所占的比重 ab/c；如果是异号，则属于遮掩效应的情况，选择报告间接效应和直接效应的比值的绝对值 |ab/c′|。这里，遮掩效应是指在间接效应和直接效应符号相反时出现的总效应被遮掩的情况，此时，总效应的绝对值比预期的要小。

表6-9 汇总了房地产开发影响城市扩张失衡的中介效应分析的主要结论。由表6-9 可知，产业结构偏向 stru 在对数房地产投资额 dlndrinve 滞后两期影响城市扩张失衡系数的过程中存在遮掩效应，间接效应与直接效应之比绝对值的差分广义矩估计方法（Difference-GMM）和系统广义矩估计方法（System-GMM）的估计结果分别为 15.9% 和 9.5%；公共支出偏向 dfexp 在对数房地产投资额 dlndrinve 滞后两期影响城市扩张失衡系数 expan1 的过程中存在部分中介效应，中介效应占总效应的比重的差分广义矩估计方法（Difference-GMM）和系统广义矩估计方法（System-GMM）的估计结果分别为 9.3% 和 17.8%。

表6-9　房地产开发影响城市扩张失衡的中介效应分析结果汇总

	中介变量	Difference-GMM	System-GMM
总效应 c		0.0199613	0.0243479
a	stru	-0.036000	-0.0224864
	dfexp	0.0086926	0.0113315
b	stru	0.1690305	0.0879142
	dfexp	0.2591063	0.3143457
直接效应 c′	stru	0.0382335	0.0220789
	dfexp	0.0231196	0.018212
间接效应 ab	stru	与 c′ 异号，遮蔽效应 |ab/c′| = 15.9%	与 c′ 异号，遮蔽效应 |ab/c′| = 9.5%
	dfexp	与 c′ 同号，部分中介效应 ab/c = 9.3%	与 c′ 同号，部分中介效应 ab/c = 17.8%

6.7 本章小结

本章引入中介变量产业结构偏向 stru 和公共支出偏向 dfexp，构建系列动态面板数据计量模型。按照温忠麟、叶宝娟（2014）提出的检验中介效应的流程，采用进行差分广义矩估计方法（Difference - GMM）和系统广义矩估计方法（System - GMM），分析和验证对数房地产投资额 dlndrinve、产业结构偏向 stru 和公共支出偏向 dfexp 对城市扩张失衡系数 expan1 的具体影响。本章中介效应的验证涉及总效应、直接效应和间接效应等概念。

其一，是关于总效应的验证。由差分广义矩估计方法（Difference - GMM）的结果可知，对数房地产投资额 dlndrinve 滞后两期对城市扩张失衡系数 expan1 在 1% 的显著性水平下有显著的正向影响，影响系数为 0.0243479，表明对数房地产投资额滞后两期的上涨对城市扩张失衡有显著的推动作用；由系统广义矩估计方法（System - GMM）的结果可知，对数房地产投资额 dlndrinve 滞后两期对城市扩张失衡系数 expan1 在 1% 的显著性水平下有显著的正向影响，影响系数为 0.0199613，表明对数房地产投资额滞后两期的上涨对城市扩张失衡有显著的推动作用。

其二，是关于直接效应的验证。以产业结构偏向 stru 为被解释变量的差分广义矩估计方法（Difference - GMM）估计结果可知，对数房地产投资额 dlndrinve 滞后两期对城市扩张失衡在 1% 的显著性水平下有显著的正向影响，影响系数为 0.0382335，表明对数房地产投资额滞后两期的上涨对城市扩张失衡有显著的推动作用；以产业结构偏向 stru 为被解释变量的系统广义矩估计方法（System - GMM）估计结果可知，对数房地产投资额 dlndrinve 对城市扩张失衡在 1% 的显著性水平下有显著的正向影响，影响系数为 0.0220789，表明对数房地产投资额的上涨对城市扩张失衡有显著的推动作用。以公共支出偏向 dfexp 为被解释变量的差分广义矩估计方法（Difference - GMM）估计结果可知，对数房地产投资额 dlndrinve 滞后两期对城市扩张失衡在1%的显著性水平下有显著的正向影响，影响系数为0.0231196，表明对数房地产投资额滞后两期的上涨对城市扩张失衡有显著的推动作用；以公共支出偏向dfexp为被解释变量的系统广义矩估计方法（System - GMM）估计结果可知，对数房地产投资额dlndrinve滞后两期对城市扩张失衡在1%的显著性水平下有显著的正向影响，影响系数为0.018212，表明对数房地产投资额滞后两期的上涨对城市扩张失衡有显著的推动作用。

其三，是关于间接效应的验证。通过本章产业结构偏向stru和公共支出偏向dfexp中介效应验证分析的最终结果可知，产业结构偏向stru在对数房地产投资额dlndrinve影响城市扩张失衡系数expan1的过程中存在遮掩效应，间接效应与直接效应之比绝对值的差分广义矩估计方法（Difference - GMM）和系统广义矩估计方法（System - GMM）的估计结果分别为7.4%和4.9%；公共支出偏向dfexp在对数房地产投资额dlndrinve影响城市扩张失衡系数expan1的过程中存在部分中介效应，中介效应占总效应的比重的差分广义矩估计方法（Difference - GMM）和系统广义矩估计方法（System - GMM）的估计结果分别为14.6%和23.4%。

本章的实证结果验证了第3章提出的研究假说三和研究假说四，并再次验证了第3章提出的研究假说二。

本书关于产业结构偏向在房地产开发影响城市土地扩张与人口扩张失衡（即城市扩张失衡）中的作用的研究结论，在总体上与Deng X等（2008）、郭瑞敏等（2013）、靳涛等（2014）、王家庭和谢郁（2016）、王家庭、谢郁和卢星辰等（2017）、王家庭、臧家新（2017）和王佳（2017）关于产业结构的影响的研究结论以及王佳（2017）关于地方竞争的影响的研究结论是一致的。但是，与王佳（2017）关于产业结构的间接效应的研究结论不同，本书进一步通过理论和实证分析了地方竞争过程中产业结构偏向在房地产开发影响城市土地扩张与人口扩张失衡（即城市扩张失衡）过程中作用的间接效应，发现了产业结构偏向在房地产开发影响城市土地扩张与人口扩张失衡（即城市扩张失衡）过程中作用的遮蔽效应现象，认为产业结构偏向第二产业的现象在一定程度上遮蔽了房地产开发对城市土地扩张与人口扩张失衡（即城市扩张失衡）的影响。进一步深化了关于地方竞争过程中房地产开发和产业结构调整共同影响城市土地扩张与人口扩张失衡（即城市扩张失衡）的研究。这个方面研究结论的政策含义在于，在地方政府的产业结构调整中，一方面应该警惕产业结构偏向带来的不良影响，另一方面应该重视房地产业的健康发展。

本书关于公共支出偏向在房地产开发影响城市土地扩张与人口扩张失衡（即城市扩张失衡）中的作用的研究结论，在总体上与曹春艳和吴群（2013）、郑思齐等（2011）、夏怡然等（2015）、张耀宇和陈利根等（2016）、（王佳，2017）等关于公共服务的影响的研究结论以及王佳（2017）关于地方竞争的影响的研究结论是一致的。但是，与以上研究特别是王佳（2017）关于公共支出偏向的间接效应的研究结论不同，本书进一步通过理论和实证分析了地方竞争过程中公共支出偏向在房地产开发影响城市土地扩张与人口扩张失衡（即城市扩张失衡）过程中作用的间接效应，发现了公共支出偏向在房地产开发影响城市土地扩张与人口扩张失衡（即城市扩张失衡）过程中作用的部分中介效应现象，认为公共支出偏向基础设施建设、忽视医疗卫生、社会保障和就业类支出的现象在一定程度上充当了房地产开发对城市土地扩张与人口扩张失衡（即城市扩张失衡）的影响的中介，进一步深化了关于地方竞争过程中房地产开发和公共支出调整共同影响城市土地扩张与人口扩张失衡（即城市扩张失衡）的研究。这个方面研究结论的政策含义在于，地方政府公共支出的结构改善应当予以重视，特别是要提高医疗卫生、社会保障和就业类支出的比例。

其中，在第 3 章理论分析的基础上，第 6 章的实证分析进一步发现，在控制了房地产开发对城市土地扩张与人口扩张失衡（即城市扩张失衡）的影响之后，产业结构偏向第二产业显著促进了城市土地扩张与人口扩张失衡（即城市扩张失衡），这种影响的差分广义矩估计方法（Difference - GMM）和系统广义矩估计方法（System - GMM）的估计结果分别为 0. 1690305 和 0. 0879142。同时第 6 章的实证分析发现，房地产开发虽然对产业结构偏向第二产业具有显著的影响，但是，其影响为负，这种影响的差分广义矩估计方法（Difference - GMM）和系统广义矩估计方法（System -

GMM）的估计结果分别为 -0.036000 和 -0.0224864。这可能是由于房地产业的第三产业属性，虽然在地方政府以地引资的土地策略之下，房地产开发在一定程度上给产业结构偏向第二产业带来了干扰，但终因房地产业本身的发展覆盖或者对冲了这种干扰。这个方面的研究发现对于促进房地产业的健康发展有一定的政策启示。

另外，在第 3 章理论分析的基础上，第 6 章的实证分析进一步发现，在控制了房地产开发对城市土地扩张与人口扩张失衡（即城市扩张失衡）的影响之后，忽视医疗卫生、社会保障和就业类支出的公共支出偏向显著促进了城市土地扩张与人口扩张失衡（即城市扩张失衡），这种影响的差分广义矩估计方法（Difference - GMM）和系统广义矩估计方法（System - GMM）的估计结果分别为 0.2591063 和 0.3143457。同时，本书第 6 章的实证分析发现，房地产开发对公共支出偏向具有显著的正向影响，这种影响的差分广义矩估计方法（Difference - GMM）和系统广义矩估计方法（System - GMM）的估计结果分别为 0.0086926 和 0.0113315。这可能是由于在我国地方政府公司化、房地产金融化和土地利用财政化的特殊背景之下，由于地方政府以地引资的土地策略，房地产开发在一定程度上促进了基础设施建设，却引致了医疗卫生、社会保障和就业类支出的公共支出偏向。这个方面的研究发现，对于地方政府重视地方公共支出中医疗卫生、社会保障和就业类支出比例的提高有一定的政策启示。

第 7 章

主要结论、政策建议、研究不足与展望

如前所述，在我国城市化面临转型、土地与人口城市化不协调、国民经济较多依赖房地产业、房地产经济住房化特征明显和房地产调控长效机制尚需完善的背景下，本书基于我国地方政府公司化、房地产金融化和土地利用财政化的特殊情境，着眼于房地产开发活动对城市化进程的影响，特别是房地产开发活动对城市化失衡现象的影响及其机理的关注，研究房地产开发对城市土地扩张的影响以及房地产开发对城市土地与人口扩张失衡的影响及其机理，有利于观察房地产开发活动对城市扩张现象的影响，有利于提供城市扩张问题在房地产开发管理和调控方面的治理思路。

首先，作为文献综述部分，本书的第 2 章通过对城市扩张、房地产开发、房地产开发影响城市扩张以及房地产开发规制等几个方面相关文献的梳理，提炼出地方政府公司化、房地产金融化和土地利用财政化三个体现房地产开发影响城市扩张的特殊背景的线索性概念，并总结了房地产开发影响城市扩张相关研究在研究内容、研究维度、研究方法和研究结论等方面的主要特征与不足。

其次，作为理论分析部分，本书的第 3 章从我国房地产开发影响城市扩张的特殊背景、房地产开发对城市土地扩张的影响以及房地产开发对城市土地扩张与人口扩张失衡（即城市扩张失衡）的影响几方面，建立了房地产开发影响城市扩张的理论分析框架，探讨了房地产开发对城市扩张的影响。通过房地产开发影响城市扩张的理论分析，本书系统地总结了我国房地产开发影响城市扩张在地方政府公司化、房地产金融化和土地利用财政化几个方面的特殊背景，并系统地进行了房地产开发影响城市土地扩张和城市土地扩张与人口扩张失衡（即城市扩张失衡）的理论分析，以及房地产开发影响城市土地与人口扩张失衡（即城市扩张失衡）在产业结构调整效应和公共支出挤占效应两个方面的主要机理。在对房地产开发影响城市扩张的理论分析的过程中，提出了四个研究假说。研究假说一：房地产开发影响城市土地扩张。研究假说二：房地产开发影响城市土地扩张与人口扩张失衡。研究假说三：在地方政府竞争的过程之中，房地产开发通过产业结构偏向影响城市土地扩张与人口扩张失衡。研究假说四：在地方政府竞争的过程之中，房地产开发通过公共支出偏向影响城市土地扩张与人口扩张失衡。并且，就我国房地产开发规制的特殊性及其对城市扩张的重要影响加以分析。

然后，作为实证分析部分，本书的第 5 章和第 6 章逐一验证了第 3 章提出的四个研究假说。在第 5 章中，为了实证检验特殊背景之下房地产开发对城市扩张的影响，对应于第 1 章关于城市扩张在城市土地扩张和城市土地与人口扩张失衡（即城市扩张失衡）两个方面的内涵界定，通过建立面板自回归分布滞后（ADRL）模型并转化为相应的面板误差修正模型（ECM），然后使用 1997—2016 年 20 年的我国 35 个大中城市的面板数据，采用混合组群平均（PMG）估计式、传统固定效应（DFE）估计式及组群平均（MG）估计式三种方法进行估计，并根据豪斯曼检验进行三种方法对应模型的筛选，分析了在地方政府公司化、房地产金融化和土地利用财政化的特殊背景之下，房地产开发影响城市土地扩张及城市土地与人口扩张失衡（即城市扩张失衡）的长期效应和短期效应，从而验证了第 3 章提出的研究假说一和研究假说二。在第 6 章中，为了实证检验特殊背景之下房地产开发影响城市土地与人口扩张失衡（即城市扩张失衡）在产业结构调整效应和公共支出挤占效应两个方面的主要机理，本书引入了产业结构偏向和公共支出偏向两个中介变量，构建了一系列动态面板数据计量模型，并选择差分广义矩估计方法（Difference - GMM）和系统广义矩估计方法（System - GMM）进行模型估计，分析了房地产开发、产业结构偏向、公共支出偏向和城市土地与人口扩张失衡（即城市扩张失衡）之间的多重关系。由于产业结构偏向和公共支出偏向两个中介变量在房地产开发影响城市土地与人口扩张失衡（即城市扩张失衡）的过程中所起到的间接效应需要具体甄别和判断，以确定其到底是中介效应还是遮蔽效应？本书第 6 章利用 2007—2016 年 10 年间我国 35 个大中城市的面板数据，对产业结构偏向和公共支出偏向两个中介变量在房地产开发影响城市土地与人口扩张失衡（即城市扩张失衡）的过程中所涉及的总效应、直接效应和间接效应等进行了逐一验证。从而再次验证了研究假说二，并验证了研究假说三和研究假说四，发现了产业结构调整效应和公共支出挤占效应的具体表现形式，即产业结构偏向和公共支出偏向在房地产开发影响城市土地与人口扩张失衡（即城市扩张失衡）的过程中，分别发挥着相应的遮蔽效应和部分中介效应。

最后，作为总结部分，本部分将对本书的主要结论、政策建议和研究不足与展望进行总结。本书的主要结论有：第一，房地产开发是城市土地扩张的影响因素，且长短期效应均为正。第二，房地产开发是城市土地扩张与人口扩张失衡的影响因素，且长短期效应均为正。第三，产业结构偏向在房地产开发影响城市扩张失衡中具有表现为遮蔽效应的间接效应。第四，公共支出偏向在房地产开发影响城市扩张失衡中具有表现为部分中介效应的间接效应。总之，本书的主要研究结论为，在地方政府公司化、房地产金融化和土地利用财政化的特殊背景之下，我国的房地产开发活动影响了城市土地扩张以及城市土地扩张与人口扩张失衡（即城市扩张失衡），这两方面的影响在长期和短期均表现为显著的正向推动效应。而且，在房地产开发影响城市土地与人口扩张失衡（即城市扩张失衡）的过程中存在产业结构调整效应和公共支出挤占效应，产业结构偏向和公共支出偏向分别在其中发挥着相应的遮蔽效应和部分中介效应。另外，如前所述，我国房地产开发规制的特殊性对城市扩张具有重要影响。我国房地产开发规制具有规制主体与客体相混淆、房地产开发规制与国家宏观调控交叉进行以及房地产开发规制目的不明确、不稳定等主要特点，一方面造成了产业结构偏向第二产业的状况，另一方面带来了公共财政支出中基础设施建设挤占公共服务的偏向，在消耗了大量的城市建设用地、促进土地城市化大力推进的同时，却阻碍了农业人口向城市的转移、阻碍了人口城市化进程，从而造成了土地城市化超前于人口城市化的城市扩张失衡。因此，在房地产开发规制方向上寻求城市扩张问题的施治方向，不仅要基于特殊的背景条件研究房地产开发对城市扩张的影响，而且要重视我国房地产开发规制的特殊性对城市扩张的重要影响，在房地产开发规制的相关主体与客体行为调整和规范上寻求思路。因而，本书基于关于房地产开发影响城市扩张的理论分析和实证分析，以及我国房地产开发规制的特殊性对城市扩张的重要影响，在中央政府的房地产规制行为改善、地方政府的房地产规制行为规范、房地产利益集团的有效约束与相应引导和房地产消费者的理性培养和弱势关怀几个方面提出了相应的政策建议。当然，本书的研究还存在一些不足与可改进之处，比如研究内容可以进一步深化和丰富、研究数据有待进一步充实和改善以及研究背景的分析可以进一步深化和拓展。

7.1 主要结论

总体上讲，本书通过理论和实证两个方面的研究发现，在地方政府公司化、房地产金融化和土地利用财政化的特殊背景之下，我国的房地产开发活动影响了城市土地扩张以及城市土地扩张与人口扩张失衡（即城市扩张失衡），这两方面的影响在长期和短期均显著表现为正向的推动效应。另外，在房地产开发影响城市土地与人口扩张失衡（即城市扩张失衡）的过程中存在产业结构调整效应和公共支出挤占效应，产业结构偏向和公共支出偏向分别在其中发挥着相应的遮蔽效应和部分中介效应。本书主要的研究结论具体内容如下：

7.1.1 房地产开发是城市土地扩张的影响因素，且长短期效应均为正

本书关于房地产开发对城市土地扩张影响的分析分为理论和实证两个主要的方面，主要分布在第 3 章和第 5 章。第 3 章主要进行的是房地产开发对城市土地扩张影响的理论层面的分析。第 5 章主要进行的是房地产开发对城市土地扩张影响的实证层面的分析。

在本书第 3 章的理论分析部分，系统地总结了地方政府公司化、房地产金融化和土地利用财政化等几个我国房地产开发影响城市土地扩张的特殊背景，并建立了关于房地产开发、城市土地扩张与经济增长关系的模型，进行了房地产开发影响城市土地扩张的理论分析，证明了房地产开发对城市土地扩张影响的存在性，并提出了研究假说一：房地产开发影响城

市土地扩张。

在本书第 5 章的实证分析部分，为了实证检验房地产开发对城市土地扩张的影响，建立了房地产开发影响城市土地扩张的面板自回归分布滞后（ADRL）模型和相应的面板误差修正模型（ECM），分别采用混合组群平均（PMG）估计式、传统固定效应（DFE）估计式以及组群平均（MG）估计式三种方法进行估计，并根据豪斯曼检验进行三种方法对应模型的筛选，通过实证分析了房地产开发影响城市土地扩张的长期效应和短期效应。实证检验的主要结论是，对数房地产投资额对城市土地扩张系数的长期影响系数和短期影响系数分别为 0.0916 和 0.107，分别在 5% 和 10% 的显著性水平之下显著，房地产开发对城市土地扩张有着显著的长期正向影响效应和短期正向影响效应，从而验证了研究假说一：房地产开发影响城市土地扩张。

本书关于房地产开发影响城市土地扩张的结论与洪世键等（2012）、林永民和吕萍（2017）以及朱高立、王雪琪、李发志和邹伟（2018）的研究结论是一致的。但是，本书更进一步通过实证分析了房地产开发影响城市土地扩张的长短期效应，发现了在长期和短期房地产开发都对城市土地扩张具有显著的正向影响的现象，进一步深化了关于房地产开发影响城市土地扩张的研究。这个方面研究结论的政策含义在于，一方面，对于房地产开发影响城市土地扩张的关注、管理和调控，应该同时重视短期和长期两个方面，与我国房地产业管理和调控的长效机制建设与完善实践不谋而合，另一方面，房地产管理和调控应与当下集约节约利用土地的政策推进相结合。

7.1.2　房地产开发是城市土地扩张与人口扩张失衡的影响因素，且长短期效应均为正

本书关于房地产开发对城市土地扩张与人口扩张失衡（即城市扩张失衡）影响的分析分为理论和实证两个主要方面，主要分布在第 3 章、第 5 章和第 6 章。第 3 章主要进行的是房地产开发对城市土地扩张与人口扩张失衡（即城市扩张失衡）的影响的理论层面的分析。第 5 章和第 6 章主要

进行的是房地产开发对城市土地扩张与人口扩张失衡（即城市扩张失衡）影响的实证层面的分析。

在第3章的理论分析部分，系统地总结了地方政府公司化、房地产金融化和土地利用财政化等几个我国房地产开发影响城市土地扩张与人口扩张失衡（即城市扩张失衡）的特殊背景，并在地方政府和房地产企业利益联盟的基础上，对地方政府的城市化过程决策模型加以拓展，进行特殊背景之下我国房地产开发影响城市土地扩张与人口扩张失衡（即城市扩张失衡）的理论分析，证明了房地产开发对城市土地扩张与人口扩张失衡（即城市扩张失衡）影响的存在性，并提出了研究假说二：房地产开发影响城市土地扩张与人口扩张失衡。

在第5章的实证分析部分，建立了房地产开发影响城市土地扩张与人口扩张失衡（即城市扩张失衡）的面板自回归分布滞后（ADRL）模型和相应的面板误差修正模型（ECM），分别采用混合组群平均（PMG）估计式、传统固定效应（DFE）估计式以及组群平均（MG）估计式三种方法进行估计，并根据豪斯曼检验进行三种方法对应模型的筛选，通过实证分析了房地产开发影响城市土地扩张与人口扩张失衡（即城市扩张失衡）的长期效应和短期效应。实证检验的主要结论是，对数房地产投资额对城市扩张失衡系数的长期影响系数和短期影响系数分别为0.0774和0.0889，分别在5%和10%的显著性水平之下显著，说明房地产开发对城市扩张失衡有着显著的长期正向影响效应和短期正向影响效应，从而验证了研究假说二：房地产开发影响城市土地扩张与人口扩张失衡。

在第6章的实证分析部分，引入了产业结构偏向和公共支出偏向两个中介变量，构建了一系列动态面板数据计量模型，并选择差分广义矩估计方法（Difference - GMM）和系统广义矩估计方法（System - GMM）进行模型估计，分析了房地产开发、产业结构偏向、公共支出偏向和城市土地与人口扩张失衡（即城市扩张失衡）之间的多重关系。实证检验的主要结论是，根据差分广义矩估计方法（Difference - GMM）的结果，房地产投资额滞后两期对城市扩张失衡系数在1%的显著性水平下有显著的正向影响，影响系数为0.0243479，表明对数房地产投资额滞后两期的上涨对城市扩张失衡有显著的推动作用；根据系统广义矩估计方法（System – GMM）的结果，对数房地产投资额滞后两期对城市扩张失衡系数在 1% 的显著性水平下有显著的正向影响，影响系数为 0.0199613，表明对数房地产投资额滞后两期的上涨对城市扩张失衡有显著的推动作用。从而再次验证了研究假说二：房地产开发影响城市土地扩张与人口扩张失衡。

本书关于房地产开发影响城市土地扩张与人口扩张失衡（即城市扩张失衡）的结论与 Harvey 与 Clark（1965）、Brueckner（1983）、苏建忠等（2005）、冯科等（2009）、洪世键等（2012）以及刘修岩、李松林和秦蒙（2016）的研究结论是一致的。但是，本书更进一步通过实证分析了房地产开发影响城市土地扩张与人口扩张失衡（即城市扩张失衡）的长短期效应，发现了在长期和短期房地产开发都对城市土地扩张与人口扩张失衡（即城市扩张失衡）具有显著的正向影响的现象，进一步深化了关于房地产开发影响城市土地扩张与人口扩张失衡（即城市扩张失衡）的研究。这个方面研究结论的政策含义在于，一方面，对于房地产开发影响城市土地扩张与人口扩张失衡（即城市扩张失衡）的关注、管理和调控，应该同时重视短期和长期两个方面，继续做好我国房地产业管理和调控的长效机制建设与完善实践，另一方面，房地产管理和调控应与当下以人为本的新型城镇化战略推进相结合。

7.1.3　产业结构偏向在房地产开发影响城市扩张失衡中具有遮蔽效应

本书关于产业结构偏向在房地产开发影响城市扩张失衡（即城市土地扩张与人口扩张失衡）中具有遮蔽效应的分析分为理论和实证两个主要的方面，主要分布在本书的第 3 章和第 6 章。第 3 章主要进行的是在房地产开发影响城市土地扩张与人口扩张失衡（即城市扩张失衡）的过程中存在着产业结构调整效应的理论层面的分析。第 6 章主要进行的是在房地产开发影响城市土地扩张与人口扩张失衡（即城市扩张失衡）的过程中存在着产业结构调整效应的实证层面的分析。

在第 3 章的理论分析部分，系统地总结了地方政府公司化、房地产金融化和土地利用财政化等几个我国房地产开发影响城市土地扩张与人口扩张失衡（即城市扩张失衡）的特殊背景，并从理论上分析了在房地产开发影响城市土地扩张与人口扩张失衡（即城市扩张失衡）的过程中存在着产业结构调整效应。正如第 3 章所述，在地方政府公司化、房地产金融化和土地利用财政化的特殊背景下，地方政府为了政治晋升展开了增加 GDP 和财政收入的竞争，并结成了与房地产企业的利益联盟，致使房地产开发行为兼有了产业结构调整效应和公共支出挤占效应。产业结构调整效应主要源自于产业结构向第二产业的偏向，产业结构调整效应促进了土地城市化和城市土地的扩张，但同时却不利于人口城市化和城市人口扩张，从而造成了城市土地扩张和人口扩张的失衡现象。从而提出了研究假说三：在地方政府竞争的过程之中，房地产开发通过产业结构偏向影响城市土地扩张与人口扩张失衡。

在第 6 章的实证分析部分，为了实证检验特殊背景之下房地产开发影响城市土地与人口扩张失衡（即城市扩张失衡）在产业结构调整效应和公共支出挤占效应两个方面的主要机理，引入了产业结构偏向和公共支出偏向两个中介变量，构建了一系列动态面板数据计量模型，并选择差分广义矩估计方法（Difference – GMM）和系统广义矩估计方法（System – GMM）进行模型估计，分析了房地产开发、产业结构偏向、公共支出偏向和城市土地与人口扩张失衡（即城市扩张失衡）之间的多重关系。通过实证检验得出的结论是，产业结构偏向在房地产投资影响城市扩张失衡的过程中存在遮掩效应，其间接效应与直接效应之比绝对值的差分广义矩估计方法（Difference – GMM）和系统广义矩估计方法（System – GMM）的估计结果分别为 7.4% 和 4.9%。从而验证了研究假说三：在地方政府竞争的过程中，房地产开发通过产业结构偏向影响城市土地扩张与人口扩张失衡。

其中，在第 3 章理论分析的基础上，第 6 章的实证分析进一步发现，在控制了房地产开发对城市土地扩张与人口扩张失衡（即城市扩张失衡）的影响之后，产业结构偏向第二产业显著促进了城市土地扩张与人口扩张失衡（即城市扩张失衡），这种影响的差分广义矩估计方法（Difference –

GMM）和系统广义矩估计方法（System - GMM）的估计结果分别为0.1690305和0.0879142。同时第6章的实证分析发现，虽然房地产开发对产业结构偏向第二产业具有显著的影响，但是其影响为负，这种影响的差分广义矩估计方法（Difference - GMM）和系统广义矩估计方法（System - GMM）的估计结果分别为 -0.036000 和 -0.0224864。这可能是由于房地产业的第三产业属性，虽然在地方政府以地引资的土地策略之下，房地产开发在一定程度上给产业结构偏向第二产业带来了干扰，但终因房地产业本身的发展覆盖了这种干扰。这个方面的研究发现对于促进房地产业的健康发展有一定的政策启示。

本书关于产业结构偏向在房地产开发影响城市土地扩张与人口扩张失衡（即城市扩张失衡）中的作用的研究结论，在总体上与 Deng X 等（2008）、郭瑞敏等（2013）、靳涛等（2014）、王家庭和谢郁（2016）、王家庭、谢郁和卢星辰等（2017）、王家庭、臧家新（2017）和王佳（2017）关于产业结构的影响的研究结论以及王佳（2017）关于地方竞争的影响的研究结论是一致的。但是，与王佳（2017）关于产业结构的间接效应的研究结论不同，本书进一步通过理论和实证分析了地方竞争过程中产业结构偏向在房地产开发影响城市土地扩张与人口扩张失衡（即城市扩张失衡）过程中作用的间接效应，发现了产业结构偏向在房地产开发影响城市土地扩张与人口扩张失衡（即城市扩张失衡）过程中作用的遮蔽效应现象，认为产业结构偏向第二产业的现象在一定程度上遮蔽了房地产开发对城市土地扩张与人口扩张失衡（即城市扩张失衡）的影响。进一步深化了关于地方竞争过程中房地产开发和产业结构调整共同影响城市土地扩张与人口扩张失衡（即城市扩张失衡）的研究。这个方面的研究结论的政策含义在于，在地方政府的产业结构调整中，一方面应该警惕产业结构偏向带来的不良影响，另一方面应该重视房地产业的健康发展。

7.1.4　公共支出偏向在房地产开发影响城市扩张失衡中具有中介效应

本书关于公共支出偏向在房地产开发影响城市扩张失衡（即城市土地

扩张与人口扩张失衡）中具有中介效应的分析分为理论和实证两个主要的方面，主要分布在第 3 章和第 6 章。第 3 章主要进行的是在房地产开发影响城市土地扩张与人口扩张失衡（即城市扩张失衡）的过程中存在着公共支出挤占效应的理论层面的分析；第 6 章主要进行的是在房地产开发影响城市土地扩张与人口扩张失衡（即城市扩张失衡）的过程中存在着公共支出挤占效应的实证层面的分析。

在第 3 章的理论分析部分，系统地总结了地方政府公司化、房地产金融化和土地利用财政化等几个我国房地产开发影响城市土地扩张与人口扩张失衡（即城市扩张失衡）的特殊背景，并从理论上分析了在房地产开发影响城市土地扩张与人口扩张失衡（即城市扩张失衡）的过程中存在着公共支出挤占效应。正如第 3 章所述，在地方政府公司化、房地产金融化和土地利用财政化的特殊背景下，地方政府为了政治晋升展开了增加 GDP 和财政收入的竞争，并结成了与房地产企业的利益联盟，致使房地产开发行为兼有了公共支出挤占效应。公共支出挤占效应主要源自于因产业结构偏向第二产业的变化带来基础设施投资膨胀，进而带来公共支出中公共服务支出被挤出的公共支出偏向。公共支出挤占效应促进了土地城市化和城市土地的扩张，但同时却不利于人口城市化和城市人口扩张，从而造成了城市土地扩张和人口扩张的失衡现象。从而提出了研究假说四：在地方政府竞争的过程之中，房地产开发通过公共支出偏向影响城市土地扩张与人口扩张失衡。

在第 6 章的实证分析部分，为了实证检验特殊背景之下房地产开发影响城市土地与人口扩张失衡（即城市扩张失衡）在产业结构调整效应和公共支出挤占效应两个方面的主要机理，引入了产业结构偏向和公共支出偏向两个中介变量，构建了一系列动态面板数据计量模型，并选择差分广义矩估计方法（Difference - GMM）和系统广义矩估计方法（System - GMM）进行模型估计，分析了房地产开发、产业结构偏向、公共支出偏向和城市土地与人口扩张失衡（即城市扩张失衡）之间的多重关系。通过实证检验得出的结论是，公共支出偏向在房地产投资影响城市扩张失衡的过程中存在部分中介效应，其中介效应占总效应的比重的差分广义矩估计方法

（Difference－GMM）和系统广义矩估计方法（System－GMM）的估计结果分别为14.6%和23.4%。从而验证了研究假说四：在地方政府竞争的过程之中，房地产开发通过公共支出偏向影响城市土地扩张与人口扩张失衡。

其中，在第3章的理论分析的基础上，通过第6章的实证分析进一步发现，在控制了房地产开发对城市土地扩张与人口扩张失衡（即城市扩张失衡）的影响之后，忽视医疗卫生、社会保障和就业类支出的公共支出偏向显著促进了城市土地扩张与人口扩张失衡（即城市扩张失衡），这种影响的差分广义矩估计方法（Difference－GMM）和系统广义矩估计方法（System－GMM）的估计结果分别为0.2591063和0.3143457。同时第6章的实证分析发现，房地产开发对公共支出偏向具有显著的正向影响，这种影响的差分广义矩估计方法（Difference－GMM）和系统广义矩估计方法（System－GMM）的估计结果分别为0.0086926和0.0113315。这可能是由于在我国地方政府公司化、房地产金融化和土地利用财政化的特殊背景之下，由于地方政府以地引资的土地策略，房地产开发在一定程度上促进了基础设施建设，却引致了医疗卫生、社会保障和就业类支出的公共支出偏向。这个方面的研究发现对于地方政府重视地方公共支出中医疗卫生、社会保障和就业类支出比例的提高有一定的政策启示。

本书关于公共支出偏向在房地产开发影响城市土地扩张与人口扩张失衡（即城市扩张失衡）中的作用的研究结论，在总体上与曹春艳和吴群（2013）、郑思齐等（2011）、夏怡然等（2015）、张耀宇和陈利根等（2016）、王佳（2017）等关于公共服务的影响的研究结论以及王佳（2017）关于地方竞争的影响的研究结论是一致的。但是，与以上研究特别是与王佳（2017）关于公共支出偏向的间接效应的研究结论不同，本书进一步通过理论和实证分析了地方竞争过程中公共支出偏向在房地产开发影响城市土地扩张与人口扩张失衡（即城市扩张失衡）过程中作用的间接效应，发现了公共支出偏向在房地产开发影响城市土地扩张与人口扩张失衡（即城市扩张失衡）过程中作用的部分中介效应现象，认为公共支出偏向基础设施建设以及忽视医疗卫生、社会保障和就业类支出的现象在一定程度上充当了房地产开发对城市土地扩张与人口扩张失衡（即城市扩张失衡）的影响的中介，进一步深化了关于地方竞争过程中房地产开发和公共支出调整共同影响城市土地扩张与人口扩张失衡（即城市扩张失衡）的研究。这方面的研究结论的政策含义在于，地方政府公共支出的结构应进一步改善，特别是要提高医疗卫生、社会保障和就业类支出的比例。

7.2 政策建议

本书通过研究发现，在地方政府公司化、房地产金融化和土地利用财政化的特殊背景之下，我国的房地产开发活动影响了城市土地扩张以及城市土地扩张与人口扩张失衡（即城市扩张失衡），这两方面的影响在长期和短期均显著地表现为正向的推动效应。另外，在房地产开发影响城市土地与人口扩张失衡（即城市扩张失衡）的过程中存在产业结构调整效应和公共支出挤占效应，产业结构偏向和公共支出偏向分别在其中发挥着部分中介效应和相应的遮蔽效应。

如前所述，我国房地产开发规制的特殊性对城市扩张具有重要影响。我国房地产开发规制具有规制主体与客体相混淆、房地产开发规制与国家宏观调控交叉进行以及房地产开发规制目的不明确、不稳定等主要特点，一方面造成了产业结构偏向第二产业的状况，另一方面带来了公共财政支出中基础设施建设挤占公共服务的偏向，在消耗了大量的城市建设用地、促进土地城市化大力推进的同时，却阻碍了农业人口向城市的转移、阻碍了人口城市化进程，从而造成了土地城市化超前于人口城市化的城市扩张失衡。

治理城市土地扩张和城市扩张失衡问题已经成为不可回避的现实选择（王家庭、李艳旭和蔡思远等，2018）。本书的主要研究结论为着眼于房地产开发规制治理城市土地扩张和城市扩张失衡提供了相应的思路。因此，基于如前本书关于房地产开发影响城市扩张的理论分析和实证分析，以及我国房地产开发规制的特殊性对城市扩张的重要影响，本书从中央政府的房地产规制行为改善、地方政府的房地产规制行为规范、房地产利益集团的有效约束和房地产消费者的理性培养等几个方面提出相应的政策建议。

7.2.1 中央政府的房地产规制行为改善

规制的广义含义主要是指政府对于经济的干预与控制。从我国房地产开发规制的现实来看，如前所述，我国的房地产开发规制具有与国家的宏观调控交叉进行的特点。值得注意的是，虽然微观产业的规制具有服从于宏观经济调控的特点，但是不同的行业和领域有不同的特点，应该结合行业和领域的差异性有针对性地进行政府规制。并且，由于产业本身涉及的应对其需求周期变动所引起问题的规制，与国民经济和产业的结构性问题所需要的宏观调控不同，应该予以区分对待。因此，基于中央政府的房地产规制行为改善层面探讨房地产开发规制方面的政策建议至少需要注意三个方面的判断：第一，基于时下房地产业在国民经济中的地位和作用慎重行事。第二，处理好房地产业规制和宏观经济调控之间的关系，并注意房地产业自身的特征和发展阶段。第三，具体判断房地产发展过程中存在问题的性质，区分其是产业自身发展阶段与周期的问题还是宏观经济的结构性问题。

就我国目前的房地产开发规制而言，首先，应该正确认识房地产业在国民经济中的地位。虽然，以住房为主的房地产业自住房制度改革以来在改善居民居住条件方面做出了突出贡献，但也应坚持“住房不炒”的思想，警惕住房投机带来的不良经济社会影响。只有以住房为主的房地产业健康发展，才有利于形成房地产业和国民经济的良性关系。其次，应该正确处理房地产业规制和宏观经济调控之间的关系。不能盲目利用房地产业拉动国民经济的发展，房地产业的规制应以房地产市场的完善和发展为重。最后，应妥善处理房地产业规制中因基于产业自身需要和宏观经济调控需要的差异而进行的力度和方向选择，将房地产管理和调控与当下集约节约利用土地的政策以及以人为本的新型城镇化战略推进相结合。

此外，与房地产规制环境密切相关的地方政府官员考核机制完善、财税体制改革以及房地产业健康发展预警机制完善也很重要。就地方政府官员的绩效考核机制完善而言，淡化经济增长指标、强化社会发展指标的考核，有利于地方政府行为的规范，并弱化其在房地产开发和城市经济社会建设中的无奈选择和不良影响。就财税体制改革而言，增加地方政府的收入来源，改变地方政府的财政支出窘境是可以考虑的方向。就房地产业健康发展预警机制完善而言，可以增加监控房地产开发带来的经济社会影响方面的相应内容。

7.2.2 地方政府的房地产规制行为规范

如前所述，地方政府公司化行为是房地产开发影响城市土地扩张和城市扩张失衡机理的重要线索和背景，地方政府由于追求财政收入最大化而被房地产利益集团的“捐税”行为所“俘虏”。分税制背景下地方政府公司化尤为明显，地方政府公司化与房地产金融化一起促成了土地利用的财政化，使得房地产开发活动在一定程度上导致了城市土地扩张与城市扩张失衡。可以说，房地产开发活动对城市土地扩张与扩张失衡的影响过程中，地方政府的公司化行为起到了推波助澜的作用。

究其原因，分税制背景下地方政府的财政状况和地方政府之间的经济乃至政治竞争都引起了学术界的重视。要减少乃至消除房地产开发对城市扩张和城市扩张失衡带来的影响，第一，可以通过财税体制改革和官员绩效考核体制改革消除地方政府对经济增长和财政收入的过度追求，将其利益所在和工作重心转移到促进地方经济社会和谐发展的方向上来。第二，可以通过廉政建设举措杜绝地方官员被“俘获”的可能，以减少甚至消除地方政府和房地产企业形成利益集团。第三，作为房地产开发影响城市扩张失衡的间接影响因素，地方产业结构偏向和公共支出偏向两个方面的预警和相应的调整也应重视。一方面，应重视地方公共支出中医疗卫生、社会保障和就业类支出比例的提高，特别是针对农业转移人口的社会保障和医保类支出，以促进农业转移人口的市民化，另一方面，应在推进工业化的同时积极推进房地产业的转型。第四，结合房地产市场需求的周期性变动，做好房地产开发规制的针对性工作。

7.2.3 房地产利益集团的有效约束与相应引导

房地产利益集团是其与地方政府利益联盟的主要方面，因而对其进行有效的约束与相应的引导，是着眼于房地产业规制的角度治理城市扩张和城市扩张失衡的重要方面。如前所述，房地产开发商、商业银行等金融机构、各类媒体是房地产利益集团中的主要利益主体。

对于房地产开发商而言，主要是通过对房地产业转型的干预实现对其有效约束与相应引导。首先，应该加强房地产业向存量市场发展方向的转型引导和约束。如前所述，产业结构偏向在房地产开发影响城市土地扩张与人口扩张失衡（即城市扩张失衡）的过程中具有遮蔽效应。也就是说，产业结构向第二产业的偏向并没有形成房地产开发影响城市土地扩张与人口扩张失衡（即城市扩张失衡）的中间渠道，反而对这个影响作用形成了相应的阻断和遮蔽效果。究其原因，可能是由于在地方政府以地引资、依靠房地产业发展本地经济的过程中，虽然在一定程度上推动了以制造业为主的第二产业的发展，但也同时推动了作为第三产业的房地产业的发展，而第三产业的发展在吸纳劳动力方面有着一定的优势。特别是在一些城市，房地产市场已经表现出明显的存量市场特征。因此，在发展房地产业特别是进行房地产业规制的过程中，应该以房地产业向存量市场发展方向的转型引导和约束为重点。其次，应该加强房地产企业参与住房租赁市场等方向经营业务的引导和约束。比如，就住房市场这一主要的房地产市场类型而言，租赁市场发展的滞后是多年以来的发展短板。房地产开发企业参与住房租赁供给和经营，不仅顺应了房地产业转型的需要，也是完善住房市场的需要。

对于商业银行及相关金融机构的约束而言，重在关注与房地产有关的贷款余额的预警机制建设，加强与房地产有关的金融监管。如前所述，房地产金融化是我国房地产开发影响城市土地扩张及其与人口扩张失衡（即城市扩张失衡）现象的特定背景之一，与地方政府公司化和土地利用财政化现象相互交织，相互作用。房地产金融的繁荣发展，在促进房地产业蓬勃发展的同时，其中孕育的风险值得引起重视。尤其是在房地产业和地方政府结成利益联盟的情况之下，与房地产有关的金融监管需要引起更多的关注。

对于各类媒体的约束而言，重在加强房地产及其相关信息的公开、公正和透明。信息不对称是房地产市场的重要特征之一。通过媒体的房地产及其相关信息准确、公正和及时的公开和披露，引导房地产消费和房地产业发展，是减少房地产市场信息不对称的重要举措，也是媒体发挥政府喉舌作用的重要表现之一。除此之外，按照本书关于产业遮蔽效应和公共支出效应的结论，产业结构偏向在房地产开发影响城市扩张失衡中具有遮蔽效应，公共支出偏向在房地产开发影响城市扩张失衡中具有中介效应，产业结构和公共支出结构方面的相应信息披露也应该给予足够的重视。

7.2.4 房地产消费者的理性培养和弱势关怀

如前所述，在地方政府公司化、房地产金融化和土地利用财政化等我国房地产开发影响城市扩张的特定背景之下，地方政府为了谋求地方经济的发展，与房地产开发商结成利益联盟。在这个过程中，有的房地产消费者因参与住房投资投机而获得了相应的利益，也有的房地产消费者呈现为弱势群体而得不到应有利益的保障。因此，需要对房地产消费者的两种具体境况加以区分，一方面进行房地产消费者的消费理性培养，另一方面针对房地产消费者中的弱势群体进行的必要关怀。

对于房地产消费者的消费理性培养，重在深化关于住房属性的进一步认识。由于住房兼具消费品和投资品的双重属性，因而在住房属性的认识上难免重此轻彼、难以兼顾。事实上，对住房属性的认识需要经历一个逐渐变化的过程。仅仅从传统住房制度下不承认住房的商品属性，到住房的货币化和住房的商品化深入人心，就经历了较长的时间和过程。在认识到住房的商品属性之后，关于住房商品的消费品属性和投资品属性认识的偏差和反复在所难免。住房作为消费品，不仅是人们解决生存之需的生活必需品，而且是人们借以发展和享受的发展资料和享受资料。出于对发展和享受这种较高层次需求的追求，与住房消费品属性密切相关的投资品属性的强调在所难免。但是，过于追求住房的投资品属性，甚至脱离和影响了住房的消费品属性的认识和实践无疑是不利和不可取的。因此，对于房地产消费者的消费理性培养，重在深化关于住房属性的进一步认识，并引以为戒地重视其他类型房地产产品属性的正确认识，可以通过媒体宣传、智库建设等公开渠道让消费者更多地了解房地产产品、更加理性地消费房地产。

针对房地产消费者中的弱势群体进行的必要关怀，重在对其诉求表达和利益保障进行应有的关注。由于房地产产品的特殊性和房地产交易的复杂性，在房地产规制的利益权衡过程中，对于作为弱势群体的房地产消费者，其利益诉求往往因为缺少充分的信息、代表和渠道而无法进行相应的表达和主张。因此，应该重视最低限度的国家住房保障和可以负担的住房权利保护，提高房地产消费者特别是住房弱势群体的组织化程度，建立必要的房地产信息披露机制，拓宽住房诉求和利益表达的渠道，并逐步建立被忽视和受损者的利益保障和补偿机制。住房问题是本书主题涉及的主要社会问题之一。在人口城市化的过程中，住房问题占据着重要的位置。由于城市住房的高成本现状，使得不少农业转移人口，难以跨越由劳动力城市化到消费者城市化的障碍，难以实现市民化，从而形成人口城市化滞后于土地城市化的状况，即本书关注的城市土地扩张与人口扩张失衡（即城市扩张失衡）的现象。因此，在坚决落实“住房不炒”思想的同时，应该足够重视以住房为主的房地产领域中的社会性规制工作。特别是，本书关于公共支出偏向在房地产开发影响城市扩张失衡中具有中介效应的研究结论进一步说明，忽视社会保障、医疗等方面的地方公共支出偏向，不利于人口城市化，容易造成人口城市化滞后于土地城市化的城市土地扩张与人口扩张失衡（即城市扩张失衡）现象，值得警惕。总之，以住房保障为主的房地产规制方面的社会性规制工作需要引起足够的重视。

7.3 研究不足与展望

7.3.1 研究内容可以进一步深化和丰富

本书分析和验证了房地产开发影响城市土地扩张和人口扩张失衡的过程中存在产业结构偏向的遮蔽效应和公共支出偏向的中介效应。其中，公共支出偏向在对数房地产投资额影响城市扩张失衡系数的过程中存在部分中介效应，其中介效应占总效应的比重差分广义矩估计方法（Difference - GMM）和系统广义矩估计方法（System - GMM）的估计结果分别为 14.6%和 23.4%。这就说明，在房地产开发影响城市土地扩张和人口扩张失衡的过程中，还存在着其他的中介效应和影响路径，有待展开后续的进一步研究。同样，在房地产开发影响城市土地扩张和人口扩张失衡的过程中，也可能还存在着其他的具有遮蔽效应的影响因素，值得展开后续的进一步研究。如此一来，关于房地产开发影响城市土地扩张和人口扩张失衡的研究内容就会更加的丰富和深入。

7.3.2 研究数据有待进一步充实和改善

本书第 5 章建立了关于房地产开发影响城市土地扩张和城市土地与人口扩张失衡的面板自回归分布滞后（ADRL）模型和相应的面板误差修正模型（ECM），分析了房地产开发影响城市土地扩张和城市土地与人口扩张失衡的长期效应和短期效应。但是，受限于常住人口数据时限较短（统计数据从 2007 年始）、模型要求至少 20 个连续观察值的现实局限，和众多学者的研究一样，本书选择了户籍人口数据进行相应的分析和研究。我们知道，和户籍人口相比，常住人口可以更加真实地反应城市人口的流动和变化过程。如此一来，由于人口数据上的局限可能在一定程度上会带来研究结果的相应偏差。如果有机会和可能，本部分所使用的人口方面的研究数据的进一步充实和改善工作有待展开。

7.3.3 研究背景的分析可以进一步深化和拓展

本书强调了我国城市化面临转型、土地与人口城市化不协调、国民经济较多依赖房地产业、房地产经济住房化特征明显和房地产开发管理或调控长效机制尚需完善的研究背景，并进一步分析了地方政府公司化、房地产金融化和土地利用财政化等我国房地产开发活动影响城市土地扩张及其与人口扩张失衡（即城市扩张失衡）现象的特殊背景。可以说，本书把关于房地产开发活动影响城市土地扩张及其与人口扩张失衡（即城市扩张失衡）的研究置于地方政府公司化、房地产金融化和土地利用财政化的特殊背景之下，并得出了房地产开发是城市土地扩张的影响因素且长短期效应均为正、房地产开发是城市土地扩张与人口扩张失衡的影响因素且长短期效应均为正、产业结构偏向在房地产开发影响城市扩张失衡中具有表现为遮蔽效应的间接效应以及公共支出偏向在房地产开发影响城市扩张失衡中具有表现为部分中介效应的间接效应等一系列重要结论。但是，房地产金融化现象的进一步分析仍然有着相应的空间，比如房地产金融化现象衡量指标的构建和量化表征等定量分析研究，以及房地产金融化的经济社会影响和据以监管规制的思路和举措尚待研究。

7.4 本章小结

本书的主要研究结论为，在地方政府公司化、房地产金融化和土地利用财政化的特殊背景之下，我国的房地产开发活动影响了城市土地扩张以及城市土地扩张与人口扩张失衡（即城市扩张失衡），这两方面的影响在长期和短期均表现为显著的正向推动效应。而且，在房地产开发影响城市土地与人口扩张失衡（即城市扩张失衡）的过程中存在产业结构调整效应和公共支出挤占效应，产业结构偏向和公共支出偏向分别在其中发挥着相应的遮蔽效应和部分中介效应。另外，本书基于关于房地产开发影响城市扩张的理论分析和实证分析，以及我国房地产开发规制的特殊性对城市扩张的重要影响，在中央政府的房地产规制行为改善、地方政府的房地产规制行为规范、房地产利益集团的有效约束与相应引导和房地产消费者的理性培养和弱势关怀几个方面提出了相应的政策建议。本书的研究不足和展望在于，研究内容可以进一步深化和丰富，研究数据有待进一步充实和改善以及研究背景的分析可以进一步深化和拓展。

参考文献

[1] AL Hansen. Measuring the tax benefits of the fiscalization of land use: a case study of commercial vehicle services in the South Avenue Travel Center, Corning, CA [DB/OL]. http://csuchico-dspace.calstate.edu/bitstream/handle/10211.3/135789/12? sequence=1,2014/2018-05-17.

[2] Anas A., Arnott R., Small K. A. Urban spatial structure [J]. Journal of Economic Literature, 1998, 36 (3): 1426-1464.

[3] Alterman R. The challenge of farmland preservation: lessons from a six-nation comparison [J]. Journal of the American Planning Association, 1997, 63 (2): 220-243.

[4] Arellano M., Bond S. R. Some tests of specification for panel data: Monte Carlo evidence and an application to employment equations [J]. Review of Economic Studies, 1991, 58 (2): 277-297.

[5] Arellano M., Bover O. Another look at the instrumental variable estimation of error-components models [J]. Journal of Econometrics, 1995, 68 (1): 29-51.

[6] Arthur O'Sullivan. Urban economics [M]. Singapore: McGraw Hill, International Edition 2012: 181.

[7] Balta M. O., Tekel A., Tekel H. I. Urban development process of built environments in metropolitan areas in Turkey: Case study of Angora settlement, Ankara. [J]. Journal of Urban Planning and Development, 2012, 138 (1): 70-77.

[8] Beardsley K., Thorne J. H., Roth N. E., et al. Assessing the influence of rapid urban growth and regional policies on biological resources [J]. Landscape and urban planning, 2009, 93 (3): 172-183.

[9] Becker G. S. A Theory of competition among pressure groups for political influence [J]. Quarterly Journal of Economics, 1983, 98 (3): 371-400.

[10] Becker S. Regulation and its reform [M]. Cambridge, MA: Harvard University Press, 1982.

[11] Bradbury K. L., Downs A., Small K. A. Urban decline and the future of American cities [J]. Washington D, 1984, 2 (3): 153-156.

[12] Brueckner J. K., Fansler D. A. The economics of urban sprawl: Theory and evidence on the spatial sizes of cities [J]. The Review of Economics and Statistics, 1983: 479-482.

[13] Brueckner J. K., Kim H. A. Urban sprawl and the property tax [J]. International Tax & Public Finance, 2003, 10 (1): 5-23.

[14] Brueckner J. K. Government land use interventions: An economic analysis [C]. Lall, S. V. etc. Urban land markets. Springer Netherlands, 2009: 3-23.

[15] Brueckner J. K. Urban sprawl: diagnosis and remedies [J]. International regional science review, 2000, 23 (2): 160-171.

[16] Burchfield M., Overman H. G., Diego, P., et al. Causes of sprawl: A portrait from space [J]. The Quarterly Journal of Economics, 2006, 121 (2): 587-633.

[17] Byun P., Esparza A. X. A revisionist model of suburbanization and sprawl: The role of political fragmentation, growth control, and spillovers [J]. Journal of Planning Education and Research, 2005, 24 (3): 252-264.

[18] Cai H., Treisman D. Does competition for capital discipline governments? Decentralization, globalization, and public policy [J]. American Economic Review, 2005, 95 (3): 817-830.

[19] Carruthers J. I., Ulfarsson G. F. Does smart growth matter to pub-

lic finance? [J]. Urban Studies, 2008, 45 (9): 1791 -1823.

[20] Carruthers J. I. , Ulfarsson G. F. Fragmentation and sprawl: Evidence from interregional analysis [J]. Growth and change, 2002, 33 (3): 312 -340.

[21] Clawson M. Urban sprawl and speculation in suburban land [J]. Land economics, 1962, 38 (2): 99 -111.

[22] Deng X. , Huang J. , Rozelle S. , et al. Growth, population and industrialization, and urban land expansion of China [J]. Journal of Urban Economics, 2008, 63 (1): 0 -115.

[23] DeSalvo J. , Su Q. Determinants of urban Sprawl: A panel data approach [R]. 2013.

[24] Downs A. New visions for metropolitan America [M]. Washington, DC: Brookings Institution. 1994.

[25] Downs A. Some realities about sprawl and urban decline [J]. Housing policy debate, 1999, 10 (4): 955 -974.

[26] Downs A. The big picture: how America's cities are growing [J]. The Brookings Review, 1998, 16 (4): 8.

[27] Dutton J. A. New American urbanism [M]. Milan: Skira, 2000.

[28] Ewing R. , Pendall R. , Chen D. Measuring sprawl and its impact: the character and consequences of metropolitan expansion [R]. Washington, DC: Smart Growth America, 2002.

[29] Ewing R. Is Los Angeles - style sprawl desirable? [J]. Journal of the American planning association, 1997, 63 (1): 107 -126.

[30] Fallah B. N. , Partridge M. D. , Olfert M. R. Urban sprawl and productivity: evidence from US metropolitan areas [J]. Papers in Regional Science, 2011, 90 (3): 451 -472.

[31] Fischel W. A. The homevoter hypothesis: How home values influence local government taxation, school finance, and land - use policies [M]. Cambridge, MA: Harvard University Press, 2001: 85 -105.

[32] Fulton W., Pendall R., Nguyen M., et al. Who sprawls most? How growth patterns differ across the US [M]. Washington, DC: Brookings Institution, Center on Urban and Metropolitan Policy, 2001.

[33] Galster G., Hanson R., Ratcliffe M. R., et al. Wrestling sprawl to the ground: defining and measuring an elusive concept [J]. Housing policy debate, 2001, 12 (4): 681 -717.

[34] Gao Q., Yu M. Discerning fragmentation dynamics of tropical forest and wetland during reforestation, urban sprawl, and policy shifts [J]. PloS one, 2014, 9 (11): 1 -12.

[35] Ghent A. C., Owyang M. T. Is housing the business cycle? Evidence from US cities [J]. Journal of Urban Economics, 2010, 67 (3): 0 -351.

[36] Glaeser E. L., Mare D. C. Cities and skills [J]. Journal of labor economics, 2001, 19 (2): 316 -342.

[37] Glaeser E. L., Sacerdote B. Why is there more crime in cities? [J]. Journal of political economy, 1999, 107 (S6): 225 -258.

[38] Gómez - Antonio M., Hortas - Rico M., Li L. The causes of urban sprawl in Spanish urban areas: a spatial approach [J]. Spatial Economic Analysis, 2016, 11 (2): 219 -247.

[39] Gordon P., Richardso H. W. Critiquing sprawl's Critics [J]. Cato Institute Policy Analysis, 2000, 365, 1 - 18.

[40] Gotham K. F. Creating liquidity out of spatial fixity: The secondary circuit of capital and the subprime mortgage crisis [J]. International Journal of Urban & Regional Research, 2009, 33 (2): 355 -371.

[41] Green R. K. Follow the Leader: How changes in residential and non - residential investment predict changes in GDP [J]. Real Estate Economics, 1997, 25 (2): 253 -270.

[42] Harvey D. The urban process under capitalism: a framework for analysis [J]. International Journal of Urban & Regional Research, 1978, 2 (1 -

3): 101 - 131.

[43] Harvey R. O., Clark W. A. V. The nature and economics of urban sprawl [J]. Land Economics, 1965, 41 (1): 1-9.

[44] Henderson J. V., Wang H. G. Urbanization and city growth: The role of institutions [J]. Regional Science and Urban Economics, 2007, 37 (3): 283-313.

[45] Inostroza L., Baur R., Csaplovics E. Urban sprawl and fragmentation in Latin America: A dynamic quantification and characterization of spatial patterns [J]. Journal of environmental management, 2013, 115: 87-97.

[46] Jat M. K., Garg P. K., Khare D. Monitoring and modelling of urban sprawl using remote sensing and GIS techniques [J]. International journal of applied earth observation and geoinformation, 2008, 10 (1): 26-43.

[47] Kahn M. E. The environmental impact of suburbanization [J]. Journal of policy analysis and management, 2000, 19 (4): 569-586.

[48] Kim D. H., Lin S. C., Suen Y. B. Dynamic effects of trade openness on financial development [J]. Economic Modelling, 2010, 27 (1): 0-261.

[49] Kim D. H., Lin S. C. Dynamic relationship between inflation and financial development [J]. Macroeconomic Dynamics, 2010, 14 (03): 343-364.

[50] Kim D. H., Lin S. C., Suen Y. B. Are Financial Development and Trade Openness Complements or Substitutes? [J]. Southern Economic Journal, 2010, 76 (3): 827-845.

[51] Klug S., Hayashi Y. Urban sprawl and local infrastructure in Japan and Germany [J]. Journal of Infrastructure Systems, 2012, 18 (4): 232-241.

[52] Kolankiewicz L., Beck R. Weighing sprawl factors in large US cities [R]. Analysis of US Bureau of the Census Data on the 100, 2001.

[53] Kotin A., Peiser R. Public - private joint ventures retailers: who

benefits for high volume [J]. Urban Studies, 1997, 34 (12): 1971 –1986.

[54] Lin G. Developing China: Land, politics, and social conditions [M]. London: Routledge, 2009.

[55] Lopez R., Hynes H. P. Sprawl in the 1990s: measurement, distribution, and trends [J]. Urban Affairs Review, 2003, 38 (3): 325 –355.

[56] Marc Blecher, Vivienne Shue. Government and economy in a Chinese county [M]. Stanford University Press, 1996.

[57] Mieszkowski P., Mills E. S. The causes of metropolitan suburbanization [J]. Journal of Economic Perspectives, 1993, 7 (3): 135 –147.

[58] Misczynski D. J. The fiscalization of land use [J]. California Policy Choices, 1986, (3): 127 –150.

[59] Moses L., Williamson H. F. The location of economic activity in cities [J]. American Economic Review, 1967, 57 (2): 211 –222.

[60] Mubarak F. A. Urban growth boundary policy and residential suburbanization: Riyadh, Saudi Arabia [J]. Habitat international, 2004, 28 (4): 567 –591.

[61] Loayza, Ranciere. Financial development, financial fragility, and growth [J]. Journal of Money, Credit and Banking, 2006, 38 (4): 1051 –1076.

[62] Norris D. F. Local government reform in the US and why it differs so greatly from Britain [J]. Local Government Studies, 1997, 23 (3): 113 –130.

[63] Nyblom J., Harvey A. Tests of common stochastic trends [J]. Econometric Theory, 2000, 16 (2): 176 –199. [64] Oi J. C. Fiscal reform and the economic foundations of local state corporatism in China [J]. World Politics, 1992, 45 (1): 99 –126.

[65] Ottensmann J. R. Urban sprawl, land values and the density of development [J]. Land economics, 1977, 53 (4): 389 –400.

[66] Peiser R. Decomposing urban sprawl [J]. The Town Planning Review, 2001: 275 –298.

[67] Peltzman S. Toward a more general theory of regulation [J]. Journal of Law & Economics, 1976, 19 (2): 211 -240.

[68] Persyn D., Westerlund J. Error - correction - based cointegration tests for panel data [J]. Stata J, 2008), 8 (2): 232 - 241.

[69] Pesaran M. H., Yongcheol Shin, Richard Smith. Pooled mean group estimation of dynamic heterogeneous panels [J]. Journal of the American Statistical Association, 1999, 94 (446): 621 -634.

[70] Pesaran M. H., Smith R. Estimating long - run relationships from dynamic heterogeneous panels [J]. Journal of Econometrics, 1995, 68 (1): 79 -113.

[71] Razin E., Rosentraub M. Are fragmentation and sprawl interlinked? North American evidence [J]. Urban Affairs Review, 2000, 35 (6): 821 -836.

[72] Razin E. Policies to control urban sprawl: Planning regulations or changes in the 'rules of the game? [J]. Urban Studies, 1998, 35 (2): 321 -340.

[73] Richmond H. R. Regionalism: Chicago as an American region [M]. Chicago: John D and Catherine T MacArthur Foundation, 1995.

[74] Seto K. C., Kaufmann R. K. Modeling the drivers of urban land use change in the Pearl River delta, China: Integrating remote sensing with socioeconomic Data [J]. Land Economics, 2003, 79 (1): 106 -121.

[75] Sims C. A. Macroeconomics and reality [J]. Econometrica, 1980, 48 (1): 1 -48.

[76] Smart A., Lee J. Financialization and the role of real estate in Hong Kong's regime of accumulation [J]. Economic Geography, 2003, 79 (2): 153 -171.

[77] Song Y., Zenou Y. Property tax and urban sprawl: theory and implications for US cities [J]. Journal of Urban Economics, 2006, 60 (3): 519 -534.

[78] Sperandelli D. I., Dupas F. A., Pons N. Dynamics of urban sprawl, vacant land, and green spaces on the metropolitan fringe of São Paulo, Brazil [J]. Journal of Urban Planning and Development, 2013, 139 (4): 274 - 279.

[79] Squires G. D. Urban sprawl: Causes, consequences, & policy responses [M]. The Urban Insitute, 2002.

[80] Stigler G. J. The theory of economic regulation [J]. Bell Journal of Economics, 1971, 2 (1): 3 - 21.

[81] Terando A. J., Costanza J., Belyea C., et al. The southern megalopolis: using the past to predict the future of urban sprawl in the Southeast US [J]. PLOS ONE, 2014, 9.

[82] Metre P., Mahler B. J., Furlong E. T. Urban sprawl leaves its PAH signature [J]. Environmental Science & Technology, 2000, 34 (19): 4064 - 4070.

[83] Walder A. G. Local governments as industrial firms: an organizational analysis of China's transitional economy [J]. American Journal of Sociology, 1995, 101 (2): 263 - 301.

[84] Wassmer R. W., Edwards D. Causes of urban sprawl in the United States: natural Evolution, flight from blight, and the fiscalization of land use [DB/OL], https://www.researchgate.net/publication/229048043_Causes_of_urban_sprawl_decentralization_in_the_United_States_natural_Evolution_flight_from_blight_and_the_fiscalization_of_land_use, 2005/2018 - 5 - 17.

[85] Wassmer R. W. An economic perspective on urban sprawl [R]. Working paper for California Senate Office of Research, 2002: 1 - 21.

[86] Wassmer R. W. Causes of urban sprawl in the United States: auto reliance as compared to natural evolution, flight from blight and local revenue reliance [J]. Journal of Policy Analysis & Management, 2008, 27 (3): 536 - 555.

[87] Wassmer R. W. Fiscalisation of land use, urban growth boundaries and non – central retail sprawl in the western United States [J]. Urban Studies, 2002, 39 (39): 1307 – 1327.

[88] Wheeler C. H. Search, sorting, and urban agglomeration [J]. Journal of Labor Economics, 2001, 19 (4): 879 – 899.

[89] William H. W. The exploding metropolis [M]. Berkeley, CA: University of California Press, 1958: 98.

[90] Wu F. Commodification and housing market cycles in Chinese cities [J]. International Journal of Housing Policy, 2015, 15 (1): 6 – 26.

[91] (美) 奥利弗·吉勒姆著. 无边的城市——论战城市蔓延 [M]. 叶齐茂, 倪晓晖译. 北京: 中国建筑工业出版社, 2007 : 145 – 155.

[92] (美) 萨夫迪著. 后汽车时代的城市 [M]. 吴越译, 北京: 人民文学出版社, 2001.

[93] 布鲁格曼. 城市蔓延简史 [M]. 吕晓惠, 译. 北京: 中国电力出版社, 2008: 111. [94] 蔡继明, 熊柴, 高宏. 我国人口城市化与空间城市化非协调发展及成因 [J]. 经济学动态, 2013 (06): 15 – 22.

[95] 曹清峰, 王家庭. 住房自有率与城市蔓延: 理论与实证 [J]. 中国房地产, 2014 (20): 22 – 27.

[96] 晁恒, 李贵才, 林雄斌. 新型城镇化背景下土地财政模式的有效性与合理性探讨 [J]. 城市发展研究, 2014 (07): 7 – 15.

[97] 陈多长, 游亚. 地方政府土地财政行为对城镇化模式选择的影响 [J]. 经济体制改革, 2016 (01): 20 – 27.

[98] 陈建华. 我国城市蔓延问题成因分析 [J]. 现代经济探讨, 2009 (04): 76 – 79.

[99] 陈明星, 叶超, 付承伟. 国外城市蔓延研究进展 [J]. 城市问题, 2008 (04): 81 – 86.

[100] 陈鹏. 基于土地制度视角的我国城市蔓延的形成与控制研究 [J]. 规划师, 2007 (03): 76 – 78.

[101] 陈享光, 黄泽清. 我国房地产价格变动的金融化逻辑 [J]. 经

济纵横，2017（12）：35－43.

[102] 陈钊，陆铭. 在集聚中走向平衡——中国城乡与区域经济协调发展的实证研究 [M]. 北京：北京大学出版社，2009：13.

[103] 陈志勇，陈莉莉. 财政体制变迁、“土地财政”与产业结构调整 [J]. 财政研究，2011（11）：7－11.

[104] 陈志勇，陈莉莉. 财税体制变迁、“土地财政”与经济增长 [J]. 财贸经济，2011（12）：24－29.

[105] 程玉鸿，卢婧. 城市蔓延研究述评 [J]. 城市发展研究，2016（04）：45－50.

[106] 褚敏，靳涛. 为什么中国产业结构升级步履迟缓——基于地方政府行为与国有企业垄断双重影响的探究 [J]. 财贸经济，2013（03）：112－122.

[107] 崔裴. 中国房地产业的行业结构研究——从新兴古典经济学的分析视角 [J]. 云南社会科学，2008（04）：48－52.

[108] 邓博文. 工业企业房地产投资对企业创新的影响——基于中国上市公司数据的实证研究 [J]. 经济与管理研究，2014（10）：113－120.

[109] 丁成日. 城市增长与对策——国际视角与中国发展 [M]. 北京：高等教育出版社，2009：107.

[110] 杜金华，陈治国. 土地财政依赖对城市扩张的影响 [J]. 财经科学，2018（05）：79－89.

[111] 范建红，蔡克光. 美国城市蔓延治理及其对中国的启示——基于土地制度的视角 [J]. 城市问题，2014（10）：78－83.

[112] 范剑勇，莫家伟. 地方债务、土地市场与地区工业增长 [J]. 经济研究，2014（01）：41－55.

[113] 范言慧，席丹，殷琳. 繁荣与衰落：中国房地产业扩张与“荷兰病”[J]. 世界经济，2013（11）：27－50.

[114] 丰雷，藏波，张清勇，等. 中国土地经济学 30 年发展研究 [J]. 中国土地科学，2017（12）：4－16.

[115] 风笑天. 社会学研究方法 [M]. 北京：中国人民大学出版

社，2009.

[116] 冯科，吴次芳，韩昊英. 国内外城市蔓延的研究进展及思考——定量测度、内在机理及调控策略 [J]. 城市规划学刊，2009 (02)：38 - 43.

[117] 辜胜阻，李睿，吕勉. 如何避免城镇化被"房地产化"的误区 [J]. 商业时代，2013 (14)：4 - 6.

[118] 谷凯. 北美的城市蔓延与规划对策及其启示 [D]. 加拿大滑铁卢大学，2002.

[119] 顾昕. 俘获、激励和公共利益：政府管制的新政治经济学 [J]. 中国行政管理，2016 (04)：95 - 102.

[120] 郭贝贝，等. 基于 GIS 和分形理论的城市蔓延度研究——以马鞍山市为例 [J]. 长江流域资源与环境，2013 (08)：972 - 978.

[121] 郭瑞敏，千怀遂，李明霞，等. 广州市城市扩张和经济发展之间的关系 [J]. 资源科学，2013 (02)：447 - 454.

[122] 韩琪. 中央与地方财税关系变化下的政府公司主义现象研究 [J]. 管理现代化，2011 (05)：12 - 14.

[123] 何流，崔功豪. 南京城市空间扩展研究 [J]. 现代经济探讨，2000 (10)：51 - 53.

[124] 洪世键，张京祥. 城市蔓延的界定及其测度问题探讨——以长江三角洲为例 [J]. 城市规划，2013 (07)：42 - 45.

[125] 洪世键，张京详. 城市蔓延机理与治理——基于经济与制度的分析 [M]. 南京：东南大学出版社，2012：2.

[126] 胡金星. 转型升级：房地产业供给侧改革之要义 [J]. 探索与争鸣，2016 (05)：49 - 51.

[127] 黄新华. 区域经济增长中地方政府公司化行为的检验：1998 - 2007 年——基于 30 个省会城市数据的实证分析 [J]. 政治学研究，2011 (01)：101 - 109.

[128] 江曼琦，席强敏. 中国主要城市化地区测度——基于人口聚集视角 [J]. 中国社会科学，2015 (08)：26 - 46.

[129] 姜沛言，孙聪，刘洪玉. 住房市场研究中的样本城市选择 [J]. 统计与决策，2016 (05)：29-33.

[130] 蒋芳，刘盛和，袁弘. 北京城市蔓延的测度与分析 [J]. 地理学报，2007 (06)：649-658.

[131] 靳涛，陈栋. 政府行为与产业结构偏向——基于转型期区域差异视角的揭示 [J]. 南京大学学报（哲学·人文科学·社会科学），2014 (06)：16-26.

[132] 孔艳芳. 房价、消费能力与人口城镇化缺口研究 [J]. 中国人口科学，2015 (05)：33-44.

[133] 兰肖雄，刘盛和，胡章. 我国城市蔓延概念的界定与思考 [J]. 地域研究与开发，2012 (03)：53-57.

[134] 雷根强，钱日帆. 土地财政对房地产开发投资与商品房销售价格的影响分析——来自中国地级市面板数据的经验证据 [J]. 财贸经济，2014 (10)：5-16.

[135] 李畅，谢家智，吴超. 房地产投资与制造业：促进效应还是挤出效应——基于非参数逐点回归的实证分析 [J]. 金融经济学研究，2013 (05)：39-48.

[136] 李菁，徐英杰. 交通基础设施对房地产开发投资空间分布的影响 [J]. 财经问题研究，2018 (07)：124-129.

[137] 李敬涛. 地方政府行为视角下的政府会计信息效应研究 [D]. 南京：东南大学，2015.

[138] 李强，杨开忠. 城市蔓延 [M]. 北京：机械工业出版社，2007：136-162.

[139] 李效顺，曲福田，陈友偲，牟守国. 经济发展与城市蔓延的Logistic 曲线假说及其验证——基于华东地区典型城市的考察 [J]. 自然资源学报，2012 (05)：713-722.

[140] 李昕，文婧，林坚. 土地城镇化及相关问题研究综述 [J]. 地理科学进展，2012 (08)：1042-1049.

[141] 李永乐，等. 不同类型房价对城镇化的影响研究——来自中国

省际面板数据的证据［J］. 中国土地科学，2014（04）：26－32.

［142］李永乐，吴群. 中国式分权与城市扩张：基于公地悲剧的解释［J］. 南京农业大学学报（社会科学版），2013（01）：73－79.

［143］林永民，吕萍. 城镇住宅投资对城市建设用地扩张影响的区域异质性——基于省际面板数据［J］. 现代管理科学，2017（01）：27－29.

［144］凌维慈. 规制抑或调控：我国房地产市场的国家干预［J］. 华东政法大学学报，2017（01）：35－45.

［145］凌维慈. 论国家住房保障义务的构成［J］. 华东师范大学学报（哲学社会科学版），2013（05）：64－71.

［146］刘焕鹏，徐炜，董利红. 高速增长的房地产投资是否推升了劳动力成本？——基于中国地级及以上城市的证据［J］. 现代财经（天津财经大学学报）. 2018，38（04）：16－29.

［147］刘凯，陈秀英. 财税体制变迁、地方政府策略性行为与产业空心化［J］. 云南社会科学，2015（01）：53－57.

［148］刘守英，周飞舟，邵挺. 土地制度改革与转变发展方式［M］. 北京：中国发展出版社，2012.

［149］刘水杏，张凌云，贾卓，长潇林. 北京市房地产业的社会经济效应［M］. 北京：中国建筑工业出版社，2011.

［150］刘维奇. 城市化过程中的住房价格与财富分配效应［J］. 中国房地产学术版，2011（3月下）：28－34.

［151］刘锡良，文书洋. 中国存在过度金融化吗［J］. 社会科学研究，2018（03）：28－36.

［152］刘修岩，李松林，秦蒙. 开发时滞、市场不确定性与城市蔓延［J］. 经济研究，2016（08）：159－171.

［153］刘志彪. 为高质量发展而竞争：地方政府竞争问题的新解析［J］. 河海大学学报（哲学社会科学版），2018（02）：1－6.

［154］卢嘉瑞. 现代消费视野与提高生活质量［J］. 经济评论，2005（02）：98－102.

［155］鲁德银. 土地城镇化的中国模式剖析［J］. 商业时代，2010

(33)：7－9.

[156] 陆大道等. 基于我国国情的城镇化过程综合分析 [J]. 经济地理，2007 (06)：883－887.

[157] 陆铭. 大国大城 [M]. 上海：上海人民出版社，2016：58

[158] 罗知，张川川. 信贷扩张、房地产投资与制造业部门的资源配置效率 [J]. 金融研究，2015 (07)：60－75.

[159] 吕冰洋，聂辉华. 弹性分成：分税制的契约与影响 [J]. 经济理论与经济管理，2014 (07)：43－50.

[160] 吕萍等. 房地产开发与经营 [M]. 北京：中国人民大学出版社，2016.

[161] 倪鹏飞，颜银根，张安全. 城市化滞后之谜：基于国际贸易的解释 [J]. 中国社会科学，2014 (07)：107－124.

[162] 牛煜虹，张衔春，董晓莉. 城市蔓延对我国地方公共财政支出影响的实证分析 [J]. 城市发展研究，2013 (03)：67－72.

[163] 彭代彦，文乐. 为什么半城镇化率越来越高？——基于房价上涨的分析视角 [J]. 华中师范大学学报 (人文社会科学版)，2017 (02)：51－62.

[164] 彭淑贞，程鹏，张伟，等. 1979—2006 年泰安市建成区扩展特征及影响因素分析 [J]. 资源开发与市场，2011 (06)：507－510.

[165] 秦蒙，刘修岩，李松林. 中国的"城市蔓延之谜"——来自政府行为视角的空间面板数据分析 [J]. 经济学动态，2016 (07)：21－33.

[166] 秦志锋. 中国城市蔓延现状与控制对策研究 [D]. 河南大学，2008.

[167] 荣昭，王文春. 房价上涨和企业进入房地产——基于我国非房地产上市公司数据的研究 [J]. 金融研究，2014 (04)：158－173.

[168] 邵朝对，苏丹妮，邓宏图. 房价、土地财政与城市集聚特征：中国式城市发展之路 [J]. 管理世界，2016 (02)：19－31.

[169] 师嘉林. 从瑞典的"第三条道路"看美国大都市区蔓延的治理 [J]. 武汉理工大学学报 (社会科学版)，2014 (02)：315－320.

[170] 施建刚. 房地产开发与管理 [M]. 上海: 同济大学出版社, 2007.

[171] 施文泼, 贾康. 增值税"扩围"改革与中央和地方财政体制调整 [J]. 财贸经济, 2010 (11): 46 - 51.

[172] 宋波, 玄玉仁, 卢凤勇, 等. 浅评逻辑斯蒂方程 [J]. 生态学杂志, 1986 (03): 57 - 62.

[173] 宋立. 劳动力与消费者"分离式"城镇化——劳动力过剩经济体的全球化现象还是中国特色问题? [J]. 经济学动态, 2014 (05): 17 - 25.

[174] 苏建忠, 魏清泉, 郭恒亮. 广州市的蔓延机理与调控 [J]. 地理学报, 2005 (04): 626 - 636. [175] 苏英, 赵晓冬, 周高仪. 房地产调控政策执行中地方政府行为的博弈分析 [J]. 中央财经大学学报, 2013 (06): 13 - 17.

[176] 孙萍, 唐莹, 罗伯特·梅森. 国外城市蔓延研究综述 [J]. 城市问题, 2011 (08): 87 - 92.

[177] 孙煜, 孙军, 陈柳. 房地产业扩张对我国产业结构影响的实证分析 [J]. 江苏社会科学, 2018 (04): 77 - 84.

[178] 孙哲, 王家庭. 区域高等教育对"人的城镇化"的影响——基于地级市层面的实证分析 [J]. 教育与经济, 2014 (05): 47 - 53.

[179] 谭锐. 住房投资性需求与中国城市规模扩张——基于空间均衡模型的分析 [J]. 经济评论, 2013 (05): 31 - 41.

[180] 谭术奎. 房地产开发与经营 [M]. 上海: 复旦大学出版社, 2006.

[181] 陶然, 陆曦, 苏福兵, 等. 地区竞争格局演变下的中国转轨: 财政激励和发展模式反思 [J]. 经济研究, 2009 (07): 21 - 33.

[182] 陶然, 汪晖. 中国尚未完成之转型中的土地制度改革: 挑战与出路 [J]. 国际经济评论, 2010 (02): 93 - 123.

[183] 陶勇. 中国地方政府行为企业化变迁的财政逻辑 [J]. 上海财经大学学报, 2011 (01): 66 - 73.

[184] 田莉. 我国城镇化进程中喜忧参半的土地城市化 [J]. 城市规

划，2011（02）：11－12.

[185] 万广华，朱翠萍. 中国城市化面临的问题与思考：文献综述[J]. 世界经济文汇，2010（06）：106－116.

[186] 王斌，高波. 土地财政、晋升激励与房价棘轮效应的实证分析[J]. 南京社会科学，2011（05）：28－34.

[187] 王枫云，游志丹. 美国应对城市空间无序拓展的理论演进轨迹[J]. 行政论坛，2014（02）：92－96.

[188] 王佳. 地方政府竞争对城市化发展失衡的影响[J]. 城市问题，2017（03）：4－12.

[189] 王家庭，蔡思远，李艳旭，等. 城乡收入不平等对我国城市蔓延的影响：基于35个大中城市面板数据的实证检验[J]. 城市观察，2018（04）：82－92.

[190] 王家庭，蔡思远. 人口规模和财政压力对城市蔓延的影响——以中国69个大中城市为例[J]. 城市问题，2018（03）：4－11.

[191] 王家庭，等. 城市蔓延的表现及其对生态环境的影响[J]. 城市问题，2014（05）：22－27.

[192] 王家庭，李艳旭，蔡思远，等. 快速城市化背景下我国城市蔓延的治理模式构建[J]. 城市观察，2018（01）：89－99.

[193] 王家庭，毛文峰，臧家新，等. 节约集约用地政策对城市蔓延的遏制效应[J]. 城市问题，2017（05）：9－16.

[194] 王家庭，谢郁，卢星辰，等. 产业发展是否推动了中国的城市蔓延？——基于35个大中城市面板数据的实证检验[J]. 西安交通大学学报（社会科学版），2017（04）：9－18.

[195] 王家庭，谢郁. 房价上涨是否推动了城市蔓延——基于我国35个大中城市面板数据的实证研究[J]. 财经科学，2016（05）：103－111.

[196] 王家庭，臧家新，卢星辰，等. 城市私人交通和公共交通对城市蔓延的不同影响——基于我国65个大中城市面板数据的实证检验[J]. 经济地理，2018（02）：74－81.

[197] 王家庭，臧家新. 高等教育、中等教育与城市蔓延：基于我国

35个大中城市面板数据的实证检验 [J]. 教育与经济，2017 (04)：3-8.

[198] 王家庭，张邓斓，陈天烨，等. 汽油价格变化与城市蔓延：基于中国四大直辖市的实证分析 [J]. 城市观察，2015 (05)：65-73.

[199] 王家庭，张邓斓，孙哲. 私人汽车消费加剧了城市蔓延吗？——来自地级市层面的经验证据 [J]. 经济评论，2015 (06)：108-117.

[200] 王家庭，张邓斓，赵丽. 中国城市蔓延的成本—收益测度与治理模式选择 [J]. 城市问题，2015 (07)：2-9.

[201] 王家庭，张俊韬. 我国城市蔓延测度：基于35个大中城市面板数据的实证研究 [J]. 经济学家，2010 (10)：56-63.

[202] 王家庭，赵丽. 我国大中城市蔓延水平评估 [J]. 中南财经政法大学学报，2013 (04)：43-48.

[203] 王家庭. 教育对我国区域经济增长的贡献——基于31省区面板数据的实证研究 [J]. 复旦教育论坛，2013 (03)：30-36.

[204] 王俊豪. 管制经济学原理 [M]. 北京：高等教育出版社，2007：8.

[205] 王贤彬，张莉，徐现祥. 地方政府土地出让、基础设施投资与地方经济增长 [J]. 中国工业经济，2014 (07)：31-43.

[206] 王雨飞，冷志明，丁如曦. 中国新型城镇化道路与房地产市场发展转型——"新型城镇化与房地产发展学术论坛"综述 [J]. 经济研究，2016 (02)：181-185.

[207] 王元华. 中国90个重点城市新建商品住宅市场健康指标的编制与分析 [J]. 住宅产业，2015 (04)：33-36.

[208] 王元华. 城镇化进程中房地产价格分异研究 [M]. 北京：经济科学出版社，2016：18.

[209] 魏成龙，等. 政府规制创新 [M]. 北京：经济管理出版社，2016：8.

[210] 魏后凯. 加快城市转型升级是中国产业升级的关键所在 [A]. 樊纲，马蔚华. 农业转移人口市民化与中国产业升级 [C]. 中国经济出版社，2013：151.

[211] 温忠麟，叶宝娟. 中介效应分析：方法和模型发展 [J]. 心理科学进展，2014 (05)：731 - 745.

[212] 邬思怡，张协奎，张练. 中国房价上涨对城市扩张的驱动效应研究——来自69个大中城市门限模型的经验证据 [J]. 广东财经大学学报，2017, 32 (03)：16 - 27.

[213] 吴启焰，曾文. 基于组织与机制的“地王”现象政治经济解析 [J]. 地理研究，2011 (10)：1847 - 1860.

[214] 夏怡然，陆铭. 城市间的“孟母三迁”——公共服务影响劳动力流向的经验研究 [J]. 管理世界，2015 (10)：78 - 90.

[215] 向宽虎，陆铭. 发展速度与质量的冲突——为什么开发区政策的区域分散倾向是不可持续的? [J]. 财经研究，2015 (04)：4 - 17.

[216] 谢冬水. 地方政府竞争、土地垄断供给与城市化发展失衡 [J]. 财经研究，2016 (04)：102 - 111.

[217] 谢经荣，吕萍，乔志敏. 房地产经济学 [M]，中国人民大学出版社，2013.

[218] 熊柴，高宏. 人口城镇化与空间城镇化的不协调问题——基于财政分权的视角 [J]. 财经科学，2012 (11)：102 - 108.

[219] 熊华平，张丽霞，陈凤丽. 中国房地产业发展与城市化 [J]. 建筑经济，2013 (02)：67 - 70.

[220] 熊瑶，潘润秋，许刚，等. 1990 - 2014 年印度城市扩张时空特征对比分析 [J]. 地理科学进展，2019, 38 (02)：271 - 282.

[221] 徐荣辉. 基于逻辑斯蒂方程的商品销售预测研究 [J]. 长治学院学报，2012 (04)：15 - 17.

[222] 徐荣辉. 逻辑斯蒂方程及其应用 [J]. 山西财经大学学报，2010 (S2)：311 - 312.

[223] 徐现祥，王贤彬，舒元. 地方官员与经济增长——来自中国省长、省委书记交流的证据 [J]. 经济研究，2007 (09)：18 - 31.

[224] 许光华，解羽佳. 城市规划与城市的企业化经营管理模式 [J]. 天津大学学报 (社会科学版)，2001 (04)：343 - 346.

[225] 许宪春，贾海，李皎，李俊波. 房地产经济对中国国民经济增长的作用研究 [J]. 中国社会科学，2015 (01)：84－101.

[226] 薛欧，等. 陕西省土地城市化水平评价分析 [J]. 山东农业大学学报（自然科学版），2011 (03)：415－421.

[227] 杨帆，卢周来. 中国的“特殊利益集团”如何影响地方政府决策——以房地产利益集团为例 [J]. 管理世界，2010 (06)：65－73.

[228] 杨公齐. 政府行为企业化：中国经济奇迹的一种解释 [J]. 华东经济管理，2008 (08)：20－24.

[229] 杨继波，孔令丞. 上海市房地产开发投资引领经济增长实证研究 [J]. 华东经济管理，2013 (07)：1－4.

[230] 杨剑，夏露露. 地方政府经济决策中的羊群效应：行为分析与治理 [J]. 经济体制改革，2017 (01)：26－31.

[231] 杨孟禹，张可云. 中国城市扩张的空间竞争实证分析 [J]. 经济理论与经济管理，2016 (09)：100－112. [232] 杨善奇. 住房商品双重属性、政策选择与劳动再生产困境——以美国新自由主义时期住房政策为例 [J]. 经济学家，2018 (02)：20－37.

[233] 杨思莹，李政，孙广召. 产业发展、城市扩张与创新型城市建设——基于产城融合的视角 [J]. 江西财经大学学报，2019 (01)：21－33.

[234] 杨振鹏，刘洪玉. 新建住房吸纳周期：一个领先的预警指标 [J]. 中国房地产（学术版），2011 (02)：3－13.

[235] 姚洋，张牧扬. 官员绩效与晋升锦标赛——来自城市数据的证据 [J]. 经济研究，2013 (01)：137－150.

[236] 叶茂林. 教育发展与经济增长 [M]. 北京：社会科学文献出版社，2005.

[237] 叶盛楠. 论“地方政府公司化”及其破解之策 [J]. 内蒙古大学学报（哲学社会科学版），2011 (05)：61－66.

[238] 叶裕民，陈蛟. 城市增长管理与集约更新潜力：人地关系的视角 [J]. 城市发展研究，2015 (10)：22－29.

[239] 叶雉鸠. 房地产统计 [M]. 北京：电子工业出版社，2007.

［240］于文波，刘晓霞，王竹．美国城市蔓延之后的规划运动及其启示［J］．人文地理，2004（04）：55－58．

［241］余晖．管制与自律［M］．杭州：浙江大学出版社，2008：50－51．

［242］俞可平．治理与善治［M］．北京：社会科学文献出版社，2000：4－5．

［243］张帆．中国城市蔓延的影响因素分析——基于35个大中城市面板数据的实证研究［J］．湖北社会科学，2012（05）：69－72．

［244］张海鹏，逄锦聚．中国土地资本化的政治经济学分析［J］．政治经济学评论，2016（06）：3－24．

［245］张红凤，杨慧．规制经济学沿革的内在逻辑及发展方向［J］．中国社会科学，2011（06）：56－66．

［246］张红凤，杨慧．政府规制的变革方式：国际经验及启示［J］．改革，2007（12）：83－88．

［247］张红凤，杨慧．政府微观规制理论及实践［N］，光明日报．2011年4月2日，第11版．

［248］张洪，金杰，全诗凡．房地产投资、经济增长与空间效应——基于70个大中城市的空间面板数据实证研究［J］．南开经济研究，2014（01）：42－58．

［249］张杰，杨连星，新夫．房地产阻碍了中国创新么？——基于金融体系贷款期限结构的解释［J］．管理世界，2016（05）：64－80．

［250］张京祥，陈浩．中国的“压缩”城市化环境与规划应对［J］．城市规划学刊，2010（06）：10－21．

［251］张京祥，吴缚龙，马润潮．体制转型与中国城市空间重构——建立一种空间演化的制度分析框架［J］．城市规划，2008（06）：55－60．

［252］张景奇，娄成武．中美城市蔓延特征差异对比及对中国蔓延治理的启示［J］．资源科学，2014（10）：2131－2139．

［253］张军，高远，傅勇，等．中国为什么拥有了良好的基础设施？［J］．经济研究，2007（03）：4－19．

［254］张琳琳，岳文泽，范蓓蕾．中国大城市蔓延的测度研究——以

杭州市为例［J］. 地理科学，2014（04）：394－400.

［255］张清勇，刘逍遥. 土地城镇化 VS 人口城镇化：研究现状与展望［J］. 区域经济评论，2017（03）：134－143.

［256］张庭伟. 控制城市用地蔓延：一个全球的问题［J］. 城市规划，1999（08）：43－47.

［257］张五常. 经济解释［M］，第一卷：科学说需求，北京：商务印书馆，2008：3.

［258］张延群. 我国房地产投资是否具有挤出效应？——基于 I（2）VECM 的分析［J］. 数理统计与管理，2016（02）：329－340.

［259］张延群. 向量自回归（VAR）模型中的识别问题——分析框架和文献综述［J］. 数理统计与管理，2012（05）：805－812.

［260］张耀宇，陈利根，陈会广. “土地城市化”向“人口城市化”转变——一个分析框架及其政策含义［J］. 中国人口·资源与环境，2016（03）：127－135.

［261］张耀宇，陈利根，宋璐怡. 中国城市用地扩张驱动机制的差异性研究［J］. 资源科学，2016（01）：30－40.

［262］张义柱. “土地财政”对劳动者的排挤及治理［J］. 农村. 农业. 农民（B 版），2016（08）：51－52.

［263］张屹山，孟宪春，李天宇. 房地产投资对经济增长的空间效应分析［J］. 西安交通大学学报（社会科学版），2018（01）：12－18.

［264］张振华. 增长联盟：分析转型期我国地方政府与经济利益集团关系的一种理论视角［J］. 天津社会科学，2011（01）：72－77.

［265］赵海益. “土地财政”会导致城镇“用工荒”吗［J］. 当代财经，2017（07）：35－45.

［266］赵曙光. 报纸是否为房地产商所“俘虏”［J］. 传媒观察，2005（07）：17－19.

［267］赵燕菁，吴伟科. 住宅供给模式与社会财富分配［J］. 城市发展研究，2007（05）：1－8.

［268］赵燕菁. 土地财政：历史、逻辑与抉择［J］. 城市发展研究，

2014 (01): 1-13.

[269] 郑思齐，符育明，任荣荣. 居民对城市生活质量的偏好：从住房成本变动和收敛角度的研究 [J]. 世界经济文汇，2011 (02): 35-51.

[270] 郑思齐，廖俊平，任荣荣，等. 农民工住房政策与经济增长 [J]. 经济研究，2011 (02): 73-86.

[271] 郑思齐，任荣荣，符育明. 中国城市移民的区位质量需求与公共服务消费——基于住房需求分解的研究和政策含义 [J]. 广东社会科学，2012 (03): 43-52.

[272] 郑思齐，孙伟增，吴璟，等. “以地生财，以财养地”——中国特色城市建设投融资模式研究 [J]. 经济研究，2014 (08): 14-27.

[273] 郑晓云. 房地产开发与经营 [M]. 北京：科学出版社，2016.

[274] 周飞舟，吴柳财，左雯敏，等. 从工业城镇化、土地城镇化到人口城镇化：中国特色城镇化道路的社会学考察 [J]. 社会发展研究，2018 (01): 42-64.

[275] 周飞舟. 以利为利：财政关系与地方政府行为 [M]. 上海：上海三联书店，2012. [276] 周黎安. 中国地方官员的晋升锦标赛模式研究 [J]. 经济研究，2007 (07): 36-50.

[277] 周黎安. 转型中的地方政府：官员激励与治理 [M]. 上海：格致出版社·上海三联书店·上海人民出版社，2017.

[278] 周晓唯，王辉. 土地财政与城市扩张的相关性分析——基于新制度经济学的视角 [J]. 经济与管理，2010 (07): 46-50.

[279] 周学荣. 政府规制论 [M]. 武汉：湖北人民出版社，2010.

[280] 周一星. 土地失控谁之过? [J]. 城市规划，2006 (11): 65-72.

[281] 朱高立，王雪琪，李发志，邹伟. 房地产经济对人口城镇化与土地城镇化协调发展的作用机理——基于中国30个省会城市面板数据的经验分析 [J]. 经济地理，2018 (05): 68-77.

[282] 朱英明，杨连盛，吕慧君，等. 资源短缺、环境损害及其产业集聚效果研究——基于21世纪我国省级工业集聚的实证分析 [J]. 管理世界，2012 (11): 28-44.

[283] 住宅市场健康指标课题组. 中国90个重点城市新建商品住宅市场健康指标的编制与分析 [J]. 住宅产业, 2015 (04): 33-36.

[284] 祝梓翔, 邓翔, 杜海韬. 房价波动、住房自有率和房地产挤出效应 [J]. 经济评论. 2016 (05): 52-67.

[285] 卓莉, 等. 20世纪90年代中国城市用地外延扩展特征分析 [J]. 中山大学学报 (自然科学版), 2007 (03): 98-102.

[286] 踪家峰, 杨琦. 中国城市扩张的财政激励——基于1998—2009年我国省级面板数据的实证分析 [J]. 城市发展研究, 2012 (08): 89-94.

[287] 邹力平, 杨帆. 我国房地产利益集团的主体、影响与治理 [J]. 新视野, 2014 (01): 71-74.

[288] 邹明妍, 周铁军. 中国政府"企业化"调控下的城市空间企业化现象 [J]. 城市发展研究, 2017 (11): 58-63.

后　记

本书是在我的博士论文的基础上经过进一步修改和加工完成的。在这个过程中，受到了来自多方面的帮助和支持，感激之情每每涌上心头。

感谢母校。感谢中国人民大学提供的良好氛围和可贵平台。学校的名师课堂、专家讲座、中外交流、高端论坛、学者沙龙和经验分享等，使我在科研道路上不断进步和成长。

感谢恩师。工作多年之后，仍能沐浴师恩，实为人生幸事。首先感谢我的导师吕萍教授带我步入学术的殿堂。学高为师、身正为范，导师对学术的孜孜追求和对生活的乐观热爱深深地影响着我。导师严谨治学的态度、勤奋自勉的精神、关爱学生的胸怀和风趣幽默的风格，无不增加了我对科学研究的敬畏、对自我进步的追求、对为人师表的深解和对工作生活的志趣。一日为师，终身为师，导师的教诲、包容、鼓励和感染永记难忘。

特别感谢赵秀池教授、王德起教授、马培生教授和赵怡教授。感谢赵秀池教授在博士学习期间提供的帮助，感谢王德起教授对博士论文写作的关心，感谢马培生教授对博士论文完成的支持以及赵怡教授在关键时刻的鼓励。

感谢帮助过我的其他老师（排名无先后）：丰雷教授、张占录教授、黄燕芬教授、叶剑平教授、严金明教授、曲卫东教授、叶裕民教授、况伟大教授、易成栋教授、夏方舟副教授、余华义副教授、施昱年副教授、张清勇副教授、孟繁瑜副教授、张秀智副教授、张跃松副教授、郭桂英老师、林勇老师、许锡艳老师、张世闯老师和王乔老师等。

感谢同学。感谢同学在博士学习阶段战友般的鼓励和陪伴，以及知音般的理解和支持。正是与同学的并肩作战，让我克服了博士学习过程中遇到的种种困难；正是与同学的交流沟通，让我深悟了博士生活过程的苦涩和甘甜。感谢我的同学（排名无先后）：修大鹏博士、戚瑞双博士、李杰博士、李文璐博士、陈泓冰博士、丁富军博士、林超博士、臧波博士、刘佳星博士、张孟秋博士、尚莉博士、王秀国博士、严宇博士、赵扬博士、沈悦博士、金学惠博士、刘寅博士、陈卫华博士、朱庄瑞博士、弓慧敏博士、林永民博士、钟荣桂博士、于淼博士、常青博士、顾岳汶博士、胡元瑞博士、宋蕾博士、徐鑫林同学和于璐源同学等。

感谢单位。感谢山西财经大学及公共管理学院对我的博士学习和本书出版给予的支持。长期的教学和科研工作是本书最初灵感的重要来源。学院精心组织的三八妇女节“一封家书送温暖”活动让当时深陷精神低谷的我恢复了往日的朝气。苗迎春院长和董军伟书记对完成学业和本书出版的关心，都是我继续前进的力量源泉。

感谢家人。勤劳质朴、善解人意的父母公婆、兄弟姐妹和爱人孩子在我博士学习期间默默给予我理解和支持。尤其是我的父母，年近七十却勇挑重担，主动选择做我博士后勤团队的主力工作，关键时刻给我精神鼓励、为我承担主要的家务。正是在家人的理解和支持之下，我才在同时为女、为媳、为妻、为母、为师之时，再正式地为一次学生，为本书成稿打下基础。

当然，本书的出版离不开国家自然科学基金、山西财经大学及公共管理学院、山西弘信房地产估价咨询有限公司和中国财政经济出版社的资助支持，以及中国财政经济出版社吕小军编辑的帮助付出，特别表示感谢。

受本人能力和水平的局限，本书难免存在一些不足之处，欢迎读者批评指正。

刘宝香
2021 年 4 月